青弓社ライブラリー 101

ニッポン男性アイドル史

一九六〇－二〇一〇年代

太田省一

青弓社

ニッポン男性アイドル史　一九六〇—二〇一〇年代　目次

第5章 SMAPとダンスアイドルの台頭――一九九〇年代の新たな男性アイドル像

装画――村林タカノブ
装丁――Malpu Design［清水良洋］

序章　男性アイドルは、どのように変わってきたか

はじめに

本書は、日本の男性アイドルの歴史をたどり直すことを目的にしている。

なぜ、特に男性アイドルに注目するのか。

ひとつは、これまで男性アイドルの歴史について書かれたものが、女性アイドルに比べて少ないように思えるからである。その理由については終章で考えるが、まずは本書を通じてそうした偏りが少しでもなくなれば、という思いがある。

そしてもうひとつは、ジャニーズという存在についてあらためて考え直してみたいからである。

これまでもジャニーズという存在は、なにかにつけて話題の的になってきた。しかし、二〇一九年のジャニーズ事務所創設者ジャニー喜多川の死去によって、創設以来の長きにわたる功績が振り

返られるなど、これまであまりふれられなかったジャニーズの歴史的側面にも注目が集まることになった。

考えてみれば、テレビなどで語られる「ジャニーさん」エピソードを通じて慣れ親しまれていたにしても、終始裏方として人生を全うしたひとりの人物の死にこれほど注目が集まったケースは、日本の芸能史上きわめてまれだろう。そしてそれは、「ジャニーズ」という独特のエンターテインメント文化が、それだけ世の中に浸透したことの証しでもある。

また同じ二〇一九年には、一七年にジャニーズ事務所を退所したSMAPの元メンバー三人をテレビに出演させないよう圧力をかけていた疑いがあるとして、公正取引委員会がジャニーズ事務所を注意していたことが報じられ、波紋が広がった。そして他方では、一八年ごろから、それまで消極的だったネットへの進出が活発化し始めるなど、現役ジャニーズの活動スタイルにも大きな変化が見えるようになってきた。

こうした一連のことから感じるのは、ジャニーズはいま、大きな転換期を迎えつつあるということである。ではなぜ、いまなのか。その答えを知るには、ジャニーズを男性アイドル全体の歴史のなかに置き直し、一度ジャニーズを客観的に理解することが有効な方法であるはずだ。

実際、男性アイドルの歴史はそれほど単純なものではない。いまの状況だけを見ればあたかも「男性アイドル＝ジャニーズ」のようだが、最初からそうだったわけではない。ジャニーズがそれほど目立たない時代もあったし、ジャニーズとほかの男性アイドルが拮抗した時代もあった。だがあるときから、「男性アイドル＝ジャニーズ」という図式ができあがった。本書では、その経緯についても順を追って明らかにできればと思う。
そこでまずここでは、次章以降を読む際の一助として、男性アイドル史の基本的な構図と流れを整理してみよう。

1　男性アイドルの二大タイプ、「王子様」と「不良」

本書には一九六〇年代から現在までを彩った多くのアイドルが登場するが、その基本構図としてあると考えられるのが、「王子様」と「不良」という二つのタイプの対抗関係である。憧れをかき立てるやさしい「王子様」タイプとギラギラした野性味あふれる「不良」タイプ。この二つのタイプが競い合うことで、男性アイドルの世界は展開してきた。たとえば、一九六〇年代の初代ジャニーズとGS（グループサウンズ）、さらに七〇年代の郷ひろみと西城秀樹などは、それぞれ「王子様」と「不良」のタイプを担いながら時代をかたちづくった存在だった。

ここでひとつ気づくのは、「王子様」タイプを担ったのがいずれもジャニーズアイドルだったこと、そして「不良」タイプを担ったのがそれ以外のアイドルだったことである。言い換えれば、ジャニーズアイドルの原点は「不良」ではなく「王子様」であり、それは一九七〇年代まで変わらなかった。たとえば、七〇年代後半にロックミュージシャンがアイドル化した「ロック御三家」（Char、原田真二、世良公則&ツイスト）の人気などは、「不良」タイプのアイドルがジャニーズ以外の領分だったことを物語るものだろう。

大きく状況が変わるのは、一九八〇年代からである。七〇年代後半、勢いを失っていたジャニーズは、たのきんトリオ（田原俊彦、近藤真彦、野村義男）のブレークによって息を吹き返す。学園ドラマ『3年B組金八先生』（TBS系、一九七九年放送開始）の生徒役から人気者になった三人には、それまでの男性アイドルにはない「普通の男の子」の魅力があった。しかしそのなかでも、田原俊彦はジャニーズの伝統を受け継ぐ「王子様」タイプ、近藤真彦はやんちゃなイメージの「不良」タイプと従来の構図は引き継がれていた。

このとき以来、「王子様」の系譜では少年隊、「不良」の系譜では男闘呼組といったように、ジャニーズが双方のタイプを一手に引き受ける時代が始まった。その意味では、ジャニーズが男性アイドル全般をカバーし、「男性アイドル＝ジャニーズ」になっていく流れの大本は、ここにある。一九八〇年代後半に社会現象的ブームを巻き起こした光GENJIにしても、基本は「王子様」タイプでありながら、そこにやんちゃなタイプのメンバーもいるなど「不良」要素が絶妙のさじ加減でミックスされていた。

2 「普通」を男性アイドルの常識にしたSMAP、そして嵐

ところが、一九九〇年代に入って、SMAPの登場で男性アイドルも一大転機を迎えることにな

る。

SMAPは、「王子様」とも「不良」とも異なる「普通」(それは、「たのきんトリオ」が担った「普通の男の子」というタイプをさらに大きく発展させたものだった)という第三の道を男性アイドルの世界に確立させた。

「王子様」の要素や「不良」の要素がなくなったわけではない。たとえば、稲垣吾郎が「王子様」的立ち位置なら、中居正広が「不良」的立ち位置というように、各メンバーの個性に応じて従来のタイプは継承されていた。

ただ、それぞれの個性があるなかにも共通の基盤として「普通」、すなわち自分たちの本音や地の部分を隠さない素の魅力が、SMAPにはあった。「普通」という魅力は、先ほど述べたようにたのきんトリオにもあったものだった。だがSMAPは、それを「男の子」と呼ばれるような年齢に限定されないアイドルの魅力として認めさせたところが、決定的に新しかった。そしてSMAPのアイドル史に残る圧倒的成功は、必然的に「普通」を男性アイドルのスタンダードにした。

そこには、平成の日本社会に特有の時代背景もあった。平成は、バブル崩壊に始まり、阪神・淡路大震災、地下鉄サリン事件、東日本大震災、さらに格差の拡大などによって漠然とした不安が社会全体に広まった時代、裏返して言えば当たり前に普段どおりの生活を送れることの価値が再認識された時代だった。だからこそ、そうした状況のもとでアイドルが「普通」を全うする姿は、より輝きを増した。実際、SMAPは、阪神・淡路大震災や東日本大震災の際など、社会との接点を積極的にもとうとした点でも新しいアイドルだった。

この「普通」の魅力を引き継いだのが、一九九九年にデビューしたジャニーズ事務所の後輩、嵐である。SMAPが切り開いた男性アイドルの生きる道筋は、その後デビューしたほかの多くのジャニーズグループにとってのお手本になった。そのなかでも嵐は、より普通らしい「普通」の魅力を備えたグループとして、二〇〇〇年代以降のジャニーズグループの象徴的存在になった。

嵐が人気になった背景には、そのデビューが「ジャニーズ」という独特のエンターテインメントが私たちにとってより身近なものになったタイミングだったこともあるだろう。一九九〇年代後半に巻き起こった「ジャニーズJr.黄金期」は、その転機になる出来事だった。CDデビュー前のジャニーズJr.がブーム的な人気を博したことは、個々のグループの枠を超えて総体としてのジャニーズが、日本社会のなかで大衆化したことの表れだった。嵐は「ジャニーズJr.黄金期」を担った世代からの最初のCDデビュー組として、そうしたジャニーズ大衆化時代の中心にいた。

こうして、一九九〇年代を境に「ジャニーズ一強」とも呼べる状況が、男性アイドルの世界に徐々に形成されていった。その状況は、二〇二〇年代に入った現在も基本的に続いていると言えるだろう。

3 テレビが男性アイドルを生んだ

また、こうした男性アイドルの変遷をみるうえで見逃せないのは、メディアとの関係である。特に一九六〇年代を出発点としてみた場合、男性アイドルがテレビというメディアとどのような関係を築いてきたかが、大きなポイントになった。

ジャニーズは、一九六〇年代後半にデビューしたフォーリーブスをはじめとして、いち早くテレビに軸足を置いた活動を進めてきた。「新御三家」の一角を担った郷ひろみ、学園ドラマへの出演でブレークしたたのきんトリオもそうだった。

だが、テレビの申し子とも言えるような活躍をした点で、ここでもSMAPは時代を画す存在だった。グループとして、また個々のメンバーとして、音楽番組やドラマだけでなく、バラエティ、スポーツ、報道などの分野まで進出して活躍する姿は、あとに続くジャニーズアイドルにとっての道標になった。

テレビがアイドルを生み出す現象は、むろんジャニーズに限ったことではない。むしろ日常的メディアであるテレビは、視聴者の演者への親近感を等しくもたらし、誰でもアイドルにしてしまう。実際、ジャニーズ以外にも多くの男性アイドルが、テレビを通じて生まれてきた。

たとえば、一九七〇年代後半に人気を博した先述の「ロック御三家」にもそういう面があった。テレビと無縁と思われていたロック系のミュージシャンも、テレビに出ればたちまちアイドルとして支持される。本人たちのなかにミュージシャンとしての葛藤もあったにせよ、そういうパワーがテレビにはあった。同じことは、ロック志向をもつチェッカーズや吉川晃司がアイドル的な支持を受けた八〇年代にも繰り返された。

また、俳優のアイドル化も同時に起こった。一九七〇年代、学園ドラマで活躍した森田健作や中村雅俊などが、若い世代の人気を集めた。彼らは出演ドラマの主題歌や挿入歌を歌ってヒットさせるなど、その点でもアイドルに近い存在だった。

これと似た現象は、近年再び顕著になっている。二〇〇〇年代後半以降、若手俳優が続々と頭角を現し、アイドル的な支持のされ方をするようになった。彼らの多くは、特撮ドラマでまず注目され、その後別ジャンルのドラマに起用されてさまざまな役柄を演じる。そんな俳優として成長していく姿が魅力になるのも、アイドル的である。「仮面ライダーシリーズ」（テレビ朝日系ほか、一九七一年―）の主演をきっかけに注目を集め、いまや歌手としても活躍する菅田将暉などは、その意味で際立った存在のひとりだ。

4　変革期を迎えた男性アイドル

そうしたなかで、ひとつ近年の傾向として言えるのは、純粋な「王子様」や「不良」タイプのアイドルの難しさである。テレビがあらゆる演者を身近な存在にするとき、いずれにしても突出した存在のままでいることが困難になる。「普通」であることが魅力的になる一方で、純粋な「王子様」や「不良」は成立しにくくなる。

一九九〇年代以降の男性アイドルで目立つのは、そうして行き場を失った「王子様」や「不良」タイプのアイドルがテレビ以外のところに居場所を見つけようとするさまざまな動きである。

たとえば、一九九〇年代から二〇〇〇年代にかけて登場したダンスパフォーマンスを前面に押し出したアイドルがそうだった。そうしたＤＡ ＰＵＭＰ、ＥＸＩＬＥのようなグループは、ヒップホップなどストリート文化にルーツをもつ音楽やダンスを武器に、新たな「不良」タイプのアイドルを体現した。

同じことは、近年活躍が目覚ましいＫ―ＰＯＰのグループにも別の意味で当てはまるだろう。世界的に人気を博するＢＴＳ（防弾少年団）などでも、ヒップホップはまさに彼らのパフォーマンスのコアにある。その意味では、「不良」的要素は、彼らの大切な魅力のひとつになっている。ただもう一方で、彼らはネット時代におけるＳＮＳ（ソーシャル・ネットワーキング・サービス）という新たな武器を駆使して、常にグローバルな水準で活動を展開している。それは同時に日本のファンに対して遠い憧れの感覚をもたらし、「王子様」としての魅力を増幅させることになっていると思える。

そして近年のこうした潮流を受けて、ジャニーズもまたダンスなどのパフォーマンス面を強化し、ネットからの発信に積極的に力を入れるようになっている。二〇二〇年における SixTONES《ストーンズ》 と Snow Man のジャニーズ初となる同時メジャーデビュー、そして海外を視野に入れた活動は、その一環と言えるだろう。男性アイドルの世界は、いま大きな変革期を迎えようとしている。

それでは次章以降、男性アイドルの歴史を詳しくみていくことにしたい。

第1章　GSとジャニーズ――一九六〇年代、男性アイドルの幕開け

まず一九六〇年代の状況から男性アイドルの歴史を始めたい。そのころ、現在にも通じる男性アイドルの「不良」と「王子様」という二大路線がかたちを取り始めたと考えられるからである。前者の代表がGSで後者の代表がジャニーズ。このあとみていくように、両者には（特にジャニーズにとっては）浅からぬ因縁、好敵手同士としての関係があった。

1　ビートルズからGSへ――ジャニーズの好敵手登場

「4人はアイドル」？

日本で男性アイドルの存在が意識され始めたのは、いつごろだろうか。ザ・ビートルズ（以下、ビートルズと表記。ほかのグループ名についても同様）の来日は、ひとつの節目だろう。

ビートルズが来日し、日本武道館で公演したのは、一九六六年六月の終わりから七月初めのことである。日本到着の際、ＪＡＬ（日本航空）の法被を着て飛行機のタラップに立つメンバー四人の写真を見たことがあるひとは多いはずだ。

その前年の秋、彼らの二作目の主演映画が日本で封切られた。タイトルは、『ヘルプ！ ４人はアイドル』（監督：リチャード・レスター、一九六五年）。ただし原題は『HELP!』だけで、「４人はアイドル」は日本公開にあたって付け足されたものである。

つまり、「ビートルズの４人はアイドルである」という認識が、そのとき日本人、少なくとも日本の映画関係者のなかに存在したことになる。とはいえ、ここで言う「アイドル」という表現がいまと同じ意味合いで使われているのかどうかは吟味する必要がある。

そこで思い出すのは、作詞家・阿久悠の述懐である。阿久は、「花の中三トリオ」や岩崎宏美、ピンク・レディーなどを輩出し、日本のアイドル文化の形成に大きく貢献したオーディション番組『スター誕生！』（日本テレビ系、一九七一―八三年）の企画者でもあった。彼は、自らの体験と照らし合わせながら「アイドル」という存在についてこう述べる。「ぼくらは、アイドルとは、エルビス・プレスリーであり、長嶋茂雄であり、人気、実力のほかに説明し難いカリスマ性を備えている人がそう呼ばれる、と信じていた世代であるから、「スター誕生《ママ》」から次々と巣立って行った人気の少女歌手たちのことを、アイドルと呼んだことはなかった」（阿久悠『夢を食った男たち――「スター誕生」と歌謡曲黄金の70年代』〔文春文庫〕、文藝春秋、二〇〇七年、一三六ページ）

阿久悠は一九三七年生まれ。その世代からすれば、アイドルにはカリスマ性がなければならない。

つまり、常識を超えるような神秘的魅力がある存在がアイドルだということになる。それは、「花の中三トリオ」のような、身近にいそうな親近感を魅力とする意味でのアイドルとはむしろ対極にある。その意味では、阿久は図らずも自らの世代の価値観を超えて、新たなアイドルの時代を切り開いたのである。

ビートルズは、その中間にあったと言える。プレスリーのあとに登場し、一九七一年の『スター誕生！』放送開始の前に来日した彼らは、日本人にとってカリスマ性と親近感を兼ね備えたような存在だった。

いったんここで、「アイドル」をもう少し厳密に定義しておこう。

親近感が魅力と書いたが、より一般的に言えば、それは未完成の魅力ということになる。現状では完成されていないが、だからこそ努力して成長しようとがんばる存在。私たちも共感しやすいそんな存在が、日本でのアイドルである。

その意味でのアイドルが定着するうえで、前述の『スター誕生！』は決定的な役割を果たした。素人《しろうと》の若者がオーディションからデビューするまでの過程で、歌やダンスはもちろん、見た目、顔つきも変化し、成長していく。その一連のプロセスをおそらく初めて視聴者に見せてくれたのがこの番組だった。

外国ミュージシャンで日本人にとって『スター誕生！』出身の歌手ほど身近ではないビートルズは、その意味ではアイドルではない。むしろ、それまでにないタイプの音楽であるロックミュージックで魅了するカリスマ的な存在と言ったほうが正しいだろう。

ただ、音楽面も含めてビートルズはひとつの文化現象だった。当時世界的な潮流としてあった反体制的要素を含む最新の若者文化を体現したのが、ビートルズだった。エレキギターなどの楽器を弾く姿やマッシュルームカットと呼ばれた長髪、そして記者会見やインタビューのときに物議を醸すちゃめっ気あふれる姿に、日本の若者が憧れと共感を抱くような存在だった。

エレキブームからGSブームへ

ビートルズの影響力の大きさは、熱狂的ファンだけではなく、演者側に彼らのまねをするフォロワーを生んだことにも表れている。

ビートルズの来日前から、すでに日本ではエレキブームが起こっていた。直接のきっかけは、一九六五年一月のザ・ベンチャーズの来日である。「テケテケテケテケテケテ」でおなじみの特徴的なエレキギターのサウンドが一世を風靡し、同年夏には『勝ち抜きエレキ合戦』(フジテレビ系、一九六五―六六年)などのアマチュアバンドコンテストの番組が、さらに同年末には加山雄三や寺内タケシが出演する東宝映画『エレキの若大将』(監督：岩内克己)がともにヒットした(北中正和『ギターは日本の歌をどう変えたか――ギターのポピュラー音楽史』〔平凡社新書〕、平凡社、二〇〇二年、一七二―一七三ページ)。

ただし、ベンチャーズの音楽はインストゥルメンタル、つまり演奏だけでボーカルがないものだった。それに対し、ビートルズは演奏しながら歌うスタイル。エレキギターと歌の組み合わせは当時の日本人にとっては新鮮で、ビートルズの来日をきっかけに、今度はそのスタイルを模倣するバンドが続々誕生した。それが、GSブームの土台になっていく。

GS最初のレコードは、一九六五年五月発売のザ・スパイダース「フリフリ」である。ビートルズの来日よりも前だが、この曲の作詞・作曲者でもあるメンバーのかまやつひろしは、海外の最新音楽動向に詳しかった。そのために、日本ではベンチャーズスタイルが全盛のなかでいち早く歌入りの楽曲をリリースしたのである(同書一八六ページ)。

そこには、スパイダースが所属していた芸能事務所ホリプロダクションの思惑もあった。ホリプロダクションの創業者である堀威夫の回想は、そのあたりの事情をよく教えてくれる(以下、堀威夫『いつだって青春――わが人生のホリプロ』〔(小学館文庫)、小学館、二〇〇五年〕による)。

「イギリスでビートルズというグループが大人気」という情報を得た堀は、いまひとつブレークに至らないスパイダースにビートルズのスタイルをとらせようと思いつく。そこで発売されたのが、「フリフリ」である。だが当時は歌謡曲全盛の時代。意気込んだものの洋楽色が強い「フリフリ」は早すぎたのか、ヒットするまでには至らなかった。

だが堀は、マネジメントする立場としてまずヒット曲を出すことにこだわった。そこで堀からスパイダースに提案したのが、歌謡曲のヒットメーカー浜口庫之助が作った「夕陽が泣いている」(一九六六年九月)だった。夕焼けを太陽が泣いている様子に見立てた詞がいかにもセンチメンタルなバラード曲だが、曲調はやはり歌謡曲的でスパイダースは難色を示した。しかし発売してみるとこれが百万枚を超える大ヒットになり、スパイダースは一躍人気グループとなる。

その機をとらえた堀は、事前にスカウトして準備を進めていたほかのGSグループを一斉にデビユーさせる。「亜麻色の髪の乙女」のヴィレッジ・シンガーズ、「小さなスナック」のパープル・シャドウズ、「ガール・フレンド」のオックス、「朝まで待てない」のザ・モップスなど、これらはいずれもホリプロダクションの所属だった。そこにザ・タイガースやザ・ワイルド・ワンズの渡辺プロダクション勢、さらにジャッキー吉川とブルー・コメッツやザ・テンプターズなども加わり、一気にＧＳブームが到来する（同書一五八―一五九ページ）。

要するに、ＧＳブームには芸能プロダクションによる仕掛けという一面があった。そうした意味では、ＧＳは当時世界を席巻し始めていたロックミュージックを換骨奪胎した商業主義の産物と言えた。

2　「不良」だったＧＳ、「夢」を追ったジャニーズ

「不良」としてのＧＳ

商業主義的側面があったＧＳだが、その一方でそうした商業主義的パッケージの枠を突き破って表出される混沌としたエネルギーの魅力があった。

ＧＳ研究を長年続けている社会学者・稲増龍夫は、ＧＳには「歪められた商業主義の美学」があるとしている。商業主義のなかで新奇さばかりが競われるようになった結果、ＧＳは一種のキワモノのようになっていく。たとえば、アダムスというバンドは神父姿でひざまずきながら「旧約聖

書」という楽曲を歌った。また有名なところでは、オックスの赤松愛が歌の途中にファンも巻き込んで失神するという〝パフォーマンス〟も同様だろう。商業主義の果てに生まれたこうしたGS独自のカオスな魅力を、稲増は「無意味なアナーキーさ」と呼ぶ（稲増龍夫&ポップス中毒の会『歌謡曲完全攻略ガイド――'68－'85』学陽書房、一九九六年、二一ページ）。

この場合「無意味なアナーキーさ」とは、海外のロックムーブメントにはあった思想性や政治性が脱色された無原則な反秩序志向と言えるだろう。またその意味で、GSは「不良」だった。

したがって、思想性や政治性が少なくとも表面にはあまり出なかったぶん、それは社会変革志向というよりは、若者世代による大人世代への反発と受け取られた。従来の音楽的美しさの基準からすればノイズでしかないエレキギターのサウンドや「男らしさ」の基準から外れた長髪など、GSは大人への反抗を象徴する存在になった。

そうした世代間対立はやがて、GSに対する会場貸し出し拒否が広がり、コンサートの会場前で学校の先生が生徒を追い返し、実際に行った場合は停学処分になるといった事態に発展していく。ワイドショーの生放送にタイガースが出演して、文化人や学校の先生と議論したこともあった。その際、リーダーの岸部おさみ（現・岸部一徳）は、大人世代からの批判に対し、自分たちは「もっと綺麗な大人になりたい」と発言した（稲増龍夫『グループサウンズ文化論――なぜビートルズになれなかったのか』中央公論新社、二〇一七年、二七ページ）。

結局、このような音楽以外の面ばかりが目立ってしまったこともあり、GSブームは数年で終わる。

沢田研二・萩原健一・堺正章、GSから生まれた〝アイドル〟

だが、GSが芸能界に残したものは大きかった。日本のバンド音楽のあり方は、音楽性とエンタメ性が融合した後年の『イカ天』ブーム（『三宅裕司のいかすバンド天国』〔TBS系、一九八九―九〇年〕）などをみてもGSが方向性を決めた部分は小さくない。また、レコード会社専属の既存の作詞・作曲家ではないフリーの作詞・作曲家の台頭（阿久悠の作詞家デビューは、前節「ビートルズからGSへ」でもふれたスパイダースの「フリフリ」のB面の曲だった）という新しい音楽業界の流れのきっかけを作った点でも、GSは重要な役割を果たした。

そして、GS出身者からアイドル的な存在も生まれた。代表を挙げるとすれば、タイガースの沢田研二、テンプターズの萩原健一、スパイダースの堺正章がそうだろう。あらためて言うまでもないが、沢田はソロ歌手、萩原は俳優、そして堺はコメディアンとして再出発し、それぞれ一世を風靡した。そして分野も芸風も異なるとはいえ、そこにはやはり前述したようなGS的不良性が感じられる。

三人のなかで、不良性が最もわかりやすく出ていたのはショーケンこと萩原健一だろう。とりわけ『傷だらけの天使』（日本テレビ系、一九七四―七五年）では、その不良的なかっこよさは際立っていた。その前に出演した『太陽にほえろ！』（日本テレビ系、一九七二年放送開始）のマカロニ刑事役も含め、萩原は大人に反発し、破天荒だが純粋さを併せ持つ役柄で若者世代から熱烈に支持された。

その点、沢田研二や堺正章には不良性はそれほどあるように思われないかもしれない。しかし、先ほどふれたGS特有の「無意味なアナーキーさ」を二人もしっかり受け継いでいた。

当時としては斬新だった男性のメークや、新曲ごとの奇抜な衣装や小道具（最終的には「TOKIO」〔一九八〇年〕で本物のパラシュートを背負うに至る）で驚かせたジュリーこと沢田研二、ドラマ『時間ですよ』（TBS系、一九七〇年シリーズ放送開始）のコントパートなどでスラップスティックな体技を披露するなど、ナンセンス志向の乾いた笑いをテレビに定着させたマチャアキこと堺正章。二人には、従来の常識を破壊するような「無意味なアナーキーさ」としての不良性があった。

初代ジャニーズの軌跡

一方、GSブームに翻弄されながらも、それに対抗するなかで自らの路線を明確にしていったのがジャニーズだった。

ジャニーズ事務所の創設は一九六二年。創設者であるジャニー喜多川が事務所を立ち上げた直接のきっかけは、日本で公開されたばかりのアメリカのミュージカル映画『ウエスト・サイド物語』（監督：ロバート・ワイズ／ジェローム・ロビンズ、一九六一年）を観たことだった。三一年にアメリカ・ロサンゼルスで生まれた彼は以前から本場のショービジネスにふれ、実際に現地で勉強するなどしていた。その長年の憧れが、『ウエスト・サイド物語』を観ていよいよ具体的なかたちをとることになったのである。

このときジャニー喜多川は、四人の少年（真家ひろみ、飯野おさみ、中谷良、あおい輝彦）と一緒に映画を観ている。彼らは中学の同級生であり、当時ジャニー喜多川がもっていた少年野球チーム・ジャニーズ少年野球団のメンバーだった。彼らもまた映画を観てミュージカルへの夢を抱き、一九六二年四月にグループを結成する。それが、ジャニーズの歴史の出発点になった初代ジャニーズ（グループ名としては単に「ジャニーズ」だが、集合としてのジャニーズと区別するため、以下、通例に従ってこの呼称を用いる）である。

同じ時期、橋幸夫、舟木一夫、西郷輝彦の「御三家」などほかにも十代の男性歌手はいた。しかし、「歌って踊る」となると話は違ってくる。特に若い男性が歌って踊るというのは、当時の芸能界ではまだきわめて珍しいことだった。もともとミュージカルを目標としていたことが、歌謡曲の世界ではほかにない強みになったのである。

そうした新鮮さも手伝って、初代ジャニーズは若い女性の支持を集め、人気者になった。NHKの看板バラエティ番組『夢であいましょう』（一九六一―六六年）にすでに出演していた彼らは、同番組のコーナー「今月の歌」でも歌われた「若い涙」で一九六四年十二月にデビュー。翌六五年末にはついに『NHK紅白歌合戦』（一九五一年―）に初出場を果たす。

ただそれでも、ジャニー喜多川と初代ジャニーズにとっての最大の目標は、あくまでミュージカルスターになることだった。

当時の歌謡界では、『紅白』出場で上がった知名度をもとに日本国内でいっそうの地盤固めと飛躍を図るのが常識的な考え方だっただろう。しかし、彼らはそうしなかった。翌一九六六年八月、本場で本格的にダンスレッスンを積むために渡米したのである。

その滞在中、全米レコードデビューの話が持ち上がるという大きなチャンスもあったが、最終的にデビューはかなわなかった（そのときのレコード収録予定の一曲「Never My Love」はほかの歌手が歌い、全米ナンバーワンを獲得する。ジャニー喜多川はそのときのことをあとあとまで残念がっていた）。そのような経緯もあり、初代ジャニーズが帰国したのは年も明けた一九六七年一月だった。

3 「王子様」フォーリーブスとジャニー喜多川の哲学

GSとジャニーズ、その基本路線の対立

一九六四年にレコードデビューし、『NHK紅白歌合戦』に出場するまでになっていた初代ジャニーズ。だがアメリカ長期滞在から帰国した彼らを待ち受けていたのは、社会現象にもなった熱狂的なGSブームだった。初代ジャニーズは、その渦に巻き込まれるように、一九六七年十一月に解散するに至る。

その交代劇には、単なる人気争いという以上に、このあとの男性アイドルの歴史をも大きく左右するアイドルとしての基本路線の対立という側面があった。

ひとつは、GSのように「歌って演奏する」か、ジャニーズのように「歌って踊る」か、である。そこには、素人とプロの対比もある。

すでに述べたように、エレキブームはアマチュアバンドブームでもあった。むろん実際のプロと

アマでは演奏テクニックには開きがあったが、それでも一般の素人も気軽に楽器演奏を始める時代になったのは画期的なことだった（この流れは、一九七〇年代の吉田拓郎や井上陽水らの登場によるフォークブームでいっそう拡大していく）。

一方ダンスはこの時代、まだプロによる独占と言ってよかった。とりわけミュージカルのようなショービジネスのダンスを身につけるには、特別な訓練を積む必要があった。初代ジャニーズは、ジャニー喜多川による演出・プロデュースのもと、その特権を十分に生かしたと言える。だが、そのアドバンテージをさらに確実なものにしようと渡米したことが、アイドルとしてはあだになった。

そこからもうひとつの基本路線の対立も生まれる。

前節でもふれたように、GSを魅力的なものに見せていたのは不良性だった。それは、この時代特有の反体制気分も含んでいたものの、最終的には政治色が薄いエンタメ限定のものとして発展した。このあとでもおいおいふれたいが、「ツッパリ」「ヤンキー」「やんちゃ」といったその後の男性アイドル史に登場するキャラクターは、ここで定まった「不良」イメージのバリエーションでもある。

テレビを味方につけた「王子様」フォーリーブス

それに対してジャニー喜多川は、GSと徹底的に差別化するためにジャニーズのタレントを健全なアイドル、その理想形としての「王子様」として打ち出す戦略をとった。

その戦略を体現したのが、初代ジャニーズの弟分にあたるフォーリーブスである。

たとえば、フォーリーブスは、仕事よりも学業を優先する方針を打ち出した。仕事の予定があっても、学校に行かなければならないメンバーはそちらを優先し、残りのメンバーで仕事をした。それは、学校から拒絶される立場だったGSとは鮮やかな対比をなす。

また、舞台上でもGSとの違いを意識した演出がなされた。当時、GSとは日劇ウエスタンカーニバルで共演することがあったが、そんなときでもジャニー喜多川は、自らのポリシーを崩すことなく衣装の早着替えや舞台の上方からのブランコでの登場など、アメリカ流の華麗なショー演出で臨み、フォーリーブスのきらびやかな王子様的イメージを強調した。

とはいえ、学業優先の方針やアメリカ流の舞台演出は、初代ジャニーズのころからすでにあったものだ。その点、冒頭にふれた初代ジャニーズの教訓に基づくフォーリーブスの戦略的独自性はテレビの重視にあった。

フォーリーブスは、音楽番組（『紅白』には一九七〇年から七回連続出場した）だけでなく、バラエティ番組にも積極的に出演した。四人のメンバーは、青山孝であれば歌、北公次であれば踊り、江木俊夫であれば司会、おりも政夫であれば笑い、というようにそれぞれの個性や得意分野を生かして、『プラチナゴールデンショー』（日本テレビ系、一九六六年放送開始）や『歌え！ヤンヤン！』（東京12チャンネル〔現・テレビ東京〕、一九七二―七五年）などバラエティ番組のメインを務めた。それは、個とグループの両立を基本とする現在のジャニーズの活動スタイルの原型にもなった。

そもそもテレビには、健全さが求められる。映画などとは異なり、テレビは一般家庭の日常生活のなかに入り込んでいくメディアだからである。そのなかでフォーリーブスは、バラエティ番組への出演で視聴者から親近感をもたれるようになる一方で、音楽番組や舞台・ミュージカルでは王子様的魅力を遺憾なく発揮した。いわば〝親しみがある王子様〟として独自の地位を築いていったのである。

ジャニー喜多川の哲学における「少年」の意味

ただ、ジャニーズのこうした「王子様」路線、健全志向は、GSを意識した売り出し戦略だけからくるものではない。その根底には、ジャニー喜多川の人間哲学がある。それを決定づけたのは、彼の二度にわたる戦争体験だった。

まずひとつめは、第二次世界大戦末期の和歌山での空襲体験である。

一九三一年にアメリカで生まれたジャニー喜多川は、日米関係の悪化を受けて日本に戻っていた。そして戦争末期、疎開していたジャニー喜多川は、たまたま訪れた和歌山市でアメリカ軍による空襲に遭う。それは、内務省の報告によると死者千二百人以上、焼失した家屋三万一千戸超という被害を引き起こしたきわめて大規模なものだった。ジャニー喜多川は、そのとき焼夷弾が落ちてくるなかを逃げ惑いながら、「アメリカにいるはずの僕が……」という割り切れない思いを抱いたと生前出演したラジオ番組で語っている（『蜷川幸雄のクロスオーバートーク』NHKラジオ第1）。

そしてもうひとつの戦争体験は、一九五〇年代の朝鮮戦争のときである。

アメリカ国籍も有していたジャニー喜多川は従軍し、韓国で戦災孤児に英語を教える任務に就く。そこで戦争の犠牲者になった少年たちと接した経験は、彼に一種の使命感を抱かせた。そして日本に戻って在日アメリカ軍関係の職員として働いていたジャニー喜多川は、まだ戦争の記憶も残る日本の少年たちに希望を与えるため、自分が住んでいた在日アメリカ軍関係者の居住施設ワシントンハイツのグラウンドで、少年野球チーム・ジャニーズ少年野球団を結成するのである。前にも述べたが、ジャニー喜多川と初代ジャニーズ四人の出会いはその野球チームだった。

この二つの戦争体験から、ジャニー喜多川が戦後史そのもののような人物だったことがうかがえる。その結果、彼はアメリカに対して複雑な感情を抱くことになった。一方でジャニー喜多川にとって、自分が生まれたアメリカはショービジネスの本場、変わらぬ目標であり憧れである。だがもう一方で、和歌山での凄絶な空襲体験が物語るように、アメリカは彼にとって根本的には他者であり、そういうときには日本人である自分を意識せざるをえなかった。

つまり、ジャニー喜多川は、アメリカと日本のどちらにも完全に属することなく、いわばアメリカと日本のはざまで生きた。そのなかで重要になったのは、結局日本とアメリカの二重性を背負ったジャニー喜多川という一個人がどのように生きるか、ということだったにちがいない。

そこにジャニー喜多川が、「少年」という存在に生涯こだわり続けた理由もあるはずだ。

自らの少年時代に空襲に遭い、朝鮮戦争では韓国の少年に英語を教え、日本では少年野球チームを結成する。そしてそれらのことを経るなかで、ジャニー喜多川の人間哲学の「個人がいかに生きるか」という大命題は、「少年がいかに健全に成長するか」という、「王子様」路線にも通じるテーマとして具体的なかたちをとることになる。一九六九年に主演フォーリーブスで初演され、二〇一〇年代になって復活、一九年には映画化もされたオリジナルミュージカルのタイトルがずばり『少年たち』であることが、その端的な証しだ。

したがって、すべてがそうではないにせよ、ジャニーズの舞台は「少年」を主役にしたジャニー喜多川の人間哲学のストレートな表現という色彩が強い。だが一方で、未熟だからこそがんばる存在、すなわち「成長する少年」としての男性アイドルの成功は、フォーリーブスがそうだったようにテレビでの活躍に大きくかかっている。そして実際、フォーリーブスの弟分にあたる郷ひろみの活躍で、ジャニーズは男性アイドルの世界でさらなる存在感を示すことになるのである。

次章では、郷も含めた「新御三家」の時代へと話を進めたい。

第2章　「新御三家」の時代——一九七〇年代の本格的な拡大

前章では、一九六〇年代のGSとジャニーズのなかに「不良」と「王子様」という男性アイドルの二大タイプの原点があることをみてきた。本章では、同時期の歌謡界を代表する「御三家」を振り返ったうえで、七〇年代の「新御三家」の登場によって本格的なアイドル時代が始まっていく流れをたどってみたい。

1　「新御三家」の登場と『夜のヒットスタジオ』

「御三家」が活躍した一九六〇年代

日本特有のことなのかどうかはわからないが、「三」という数字でその分野を代表させるパターンは少なくない。芸能の分野もそうだ。女性歌手だと、「三人娘」（美空ひばり、江利チエミ、雪村いづみ）や「新三人娘」（小柳ルミ子、南沙織、天地真理）がすぐに思い浮かぶ。

　そして男性歌手では、一九六〇年代前半に登場した橋幸夫、舟木一夫、西郷輝彦の「御三家」がいた。三人全員がデビュー年にレコード大賞新人賞受賞と『ＮＨＫ紅白歌合戦』初出場を果たし、その後も長く活躍した。

　橋幸夫のデビューは一九六〇年の「潮来笠《いたこ》」。歌謡曲のジャンルとしては股旅もの、つまり渡世人が旅から旅へ流れていく姿を歌ったものである。そこだけをとれば、あまり目新しさはない。しかし、たとえば同じジャンルの先達である三波春夫が浪曲師の前歴を生かしてけれん味たっぷりに股旅ものを歌ったのに対し、橋幸夫はさらっとさわやかに「潮来笠」を歌うところに新鮮さがあった。それもそのはず、デビュー時点の橋はまだ十七歳だった。

「潮来笠」のヒットによって、橋幸夫は瞬く間にスター歌手の仲間入りを果たす。さらに一九六二年には、同じ作曲家・吉田正門下の女優・吉永小百合とのデュエット「いつでも夢を」が記録的な大ヒットになって日本レコード大賞を受賞。その四年後の六六年には、当時史上初となる二度目の日本レコード大賞を「霧氷」で獲得した。

　舟木一夫のデビューは一九六三年。デビュー曲である「高校三年生」がいきなり大ヒットした。「舟木一夫」は同曲の作曲者であり彼の師匠でもある遠藤実による命名だが、これは当初、遠藤実に師事していた橋幸夫のために用意された芸名だった（長田暁二『歌謡曲おもしろこぼれ話』〔現代教養文庫〕、社会思想社、二〇〇二年、一七八―一七九ページ）。

　舟木一夫は、多くのひとが特別な郷愁を抱く学生時代を歌う〝青春歌謡〟の歌い手として名を馳せた。「高校三年生」も学生服姿で歌った。このとき舟木は十八歳。ほんのわずかな差だが、デビュー時点で彼は高校を卒業していた。つまり、学生服はあくまで〝衣装〟であり、「高校三年生」以降も「修学旅行」「学園広場」など学園ソングを舟木は歌い続けた。

そして西郷輝彦は、一九六四年に「君だけを」でデビュー。十七歳だった。彼もまた、この曲のヒットによってあっという間にスターダムにのし上がる。

西郷の楽曲には情熱的なものが多く、歌う際のアクションが見どころのひとつだった。その代表曲は一九六六年発売の「星のフラメンコ」で、フラメンコ風のアレンジに合わせて「好きなんだけど〜」と歌って自ら手拍子を打つ振り付けが大流行した。いまの感覚だと特別派手な動きではないが、歌手は直立不動で歌うのが当たり前の当時にあってはとても新鮮だったのである。

こうして、それぞれ路線も異なる橋、舟木、西郷の三人は、「御三家」として一九六〇年代を代表する流行歌手になっていく。

一九七〇年代、本格的アイドル時代へ——「新御三家」登場

さて、ここで考えてみたいのは、「御三家」はアイドル歌手なのか、ということである。

アイドル歌手と言えば、同世代の異性に熱狂的に支持される若手歌手を思い浮かべるひとは少なくないだろう。その場合、年齢がアイドル歌手か否かを判断する基準になる。その意味では、全員が十代でデビューした「御三家」はアイドル歌手の条件を満たす。三人ともに同世代のファンの青春を彩ったアイドル歌手ということになる。

しかし本書の考え方に照らせば、「御三家」は「ヤング」ではあっても、成長のプロセスを見せることに重きを置いた「アイドル」ではなかった。

前章でも述べたが、現在私たちが「アイドル」と呼ぶのは、単なる年齢の問題ではなく、努力し成長するプロセスを見せる存在に対してである。たとえば、一九九〇年代から二〇一〇年代を代表するアイドルであるＳＭＡＰなどは、年齢の壁を超えてアイドルが存在しうるということを示した好例と言えるだろう。

すなわち、ある面では未熟ということでもあるが、それ以上に成長の余地を残した未完成さの魅力が勝る存在であり、それに伴ってそれぞれの素の部分の魅力が重要になる存在。それが、私たちが呼ぶアイドルである。その意味で「御三家」は、厳密にはアイドルとは言いがたい。

そうした意味でのアイドルが登場するようになったのは、一九七〇年代のことである。その際、テレビが果たした役割は大きかった。前に述べたとおり、一般人の少年少女が歌手デビューするに至る成長のプロセスを逐一見せたオーディション番組『スター誕生！』は、そうしたアイドル時代の到来を私たちに印象づけた番組だった。

野口五郎、西城秀樹、郷ひろみの「新御三家」も、そんな新しい時代の始まりを告げる一九七〇年代初頭に相次いでデビューした。くしくも同学年の三人は『スター誕生！』の出身者ではなかったが、歌手としてだけでなくドラマやコントなど多方面で活躍し、そのなかで成長していくプロセスや素の部分を見せてくれた。その意味で、アイドル史という観点からは「御三家」と「新御三家」のあいだには大きな断層があるように思える。

テレビの普及と歌謡曲の活性化

だが一方で、「御三家」と「新御三家」には共通点もあった。それは、双方とも歌謡界がテレビの普及とともに活性化した時代に活躍したということである。よく知られているように、一九五九年の皇太子ご成婚、六四年の東京オリンピック開催などの国家的イベントをきっかけにテレビは急速に普及し、日本人にとって日常的娯楽の中心になっていく。

たとえば、『NHK紅白歌合戦』の視聴率をみるとわかりやすい。『紅白』の史上最高視聴率は一九六三年の八一・四パーセント（ビデオリサーチ調べ。関東地区世帯視聴率。以下も同様）だが、それはこの年だけの突出したものではない。六〇年代前半から七〇年代にかけて、ほぼ七〇パーセント台をキープ。八〇パーセントを超えた年も何回かあった。また六九年からは日本レコード大賞の生放送が大晦日に移動し、『紅白』と並ぶ年末の恒例行事として定着した。この年の日本レコード大賞の視聴率は前年の一〇・三パーセントから三〇・九パーセントにはね上がり、七七年には五〇・八パーセントを記録するまでになる。

このころは、メディアだけでなく日常会話のなかでも、今年の大賞は誰がとるのかといったことが普通に話題になった。つまり、この時代、歌謡曲は私たちにとても身近なものになった。その仲立ちになったのがテレビであり、テレビと歌謡界はいわば一心同体の関係にあった。年末に限らず、プライムタイム（夜七時から十一時）にはレギュラー音楽番組が各テレビ局で放送され、それぞれ人気を博していた。

「御三家」と「新御三家」は、ともにそのような時代のなかで活躍した。ただそうしたなか、一九六〇年代後半になると、新しいタイプの音楽番組が登場してくる。歌手はただ持ち歌を歌えばいいだけでなく、それ以外の部分も見せる必要に迫られるようになる。

『夜のヒットスタジオ』がもたらしたアイドル時代

一九六八年に始まり長寿番組になった生放送の音楽番組『夜のヒットスタジオ』（フジテレビ系、一九六八―九〇年）は、そのような新しい音楽番組のパイオニア的存在である。この番組は、それまでの音楽番組とは大きく趣を異にしていた。具体的には、歌を聴かせるだけでなく歌手の人間性や個性にスポットライトを当てようとした。

たとえば、ただ進行するのではなく、歌手とのカジュアルな会話で素顔を引き出す前田武彦と芳村真理による司会ぶり。また毎回その日の出演歌手がほかの出演歌手の曲のさわりを歌ってリレー形式で互いを紹介するオープニングでは、他人の曲なのでときには歌詞を間違えたり、度忘れしたりする歌手もいる。その瞬間、やはり普段はあまり見せない素の表情が映し出された。またサプライズで家族や友人などが登場するご対面コーナー、コンピューターによる恋人選びの企画にもそのような狙いがあった。とりわけ恋人選びでは、弾き出された意中のひとの名が発表されて女性歌手が思わず泣いてしまう場面が世間の話題になった。

こうした趣向は、素の部分が重要な魅力になるアイドル歌手にとって、よりいっそう自分たちが輝くことができる場となった。『夜のヒットスタジオ』の通算出演回数で全員がベストテン内に入っている「新御三家」も、当然その恩恵にあずかった。

角度を変えて言えば、「御三家」と「新御三家」の断層をもたらした要因として、『夜のヒットスタジオ』のような新しいタイプの音楽番組の存在は決定的に大きかった。そこに『スター誕生！』のようなオーディション番組の登場が相まって、アイドルという存在は私たちにとってきわめて親しみがある身近なものになったのである。次節では、この時代の男性アイドルの代表である「新御三家」のうち、野口五郎と西城秀樹について詳しくみていきたい。

2 野口五郎と西城秀樹——対照的だった二人のアイドル

演歌からポップスに転換した野口五郎

野口五郎は、一九五六年生まれ。小さいころから歌が好きで、のど自慢番組で優勝した経験もある。そのなかで歌手への夢を膨らませ、中学生のときに岐阜県から上京。レッスンを積んで歌手デビューを目指した（野口五郎『哀しみの終るときに』立風書房、一九七五年）。

その夢は彼が十五歳のときにかなえられる。一九七一年に「博多みれん」で念願のレコードデビュー。しかし、この曲はタイトルからも想像がつくように演歌だった。

本人の回想によると、野口は有名な博多どんたくの時期に合わせたキャンペーンで福岡を訪れた。小さなスナックを何十軒も回りデビュー曲を歌ったが、客からビールをかけられる屈辱も味わった。

またわざわざ聞きに来てくれたと思っていた客が、実は同じ日に森進一が歌っていた大きなキャバレーが満員で入れず仕方なくやってきたと知って、寂しい思いにもなった（同書六〇―六三ページ）。

このように、野口五郎はデビューの時点ではまだ旧時代の歌謡界のなかでもがいていた。ただ、方向転換も鮮やかだった。一転ポップス路線を打ち出した二曲目の「青いリンゴ」（一九七一年）がヒット。そこから野口五郎はアイドル歌手への道を歩み始める。

このことは、ちょうど当時の歌謡界が変革期にあったことをうかがわせる。

「青いリンゴ」の作詞は橋本淳。ジャッキー吉川とブルー・コメッツ「ブルー・シャトウ」などGSに書いたヒット曲などで知られる。そして作曲は筒美京平。筒美は、橋本淳と組んだヴィレッジ・シンガーズ「バラ色の雲」などGSものから始まり、やはり橋本と組んだいしだあゆみ「ブルー・ライト・ヨコハマ」、阿久悠と組んだ尾崎紀世彦「また逢う日まで」など洋楽への造詣の深さを存分に生かし、ポップス系のヒットメーカーになっていた。

それは、歌謡界でのフリー作家の台頭を示すものだった。それまでの歌謡曲では、作詞・作曲家のレコード会社への専属制度が強固なものとしてあった。だがGSブームで楽曲の量産が必要になったことなどをきっかけに、そうした専属制度の埒外にいるフリー作家が続々と頭角を現し始めたのである。

野口五郎の“繊細なやさしさ”

野口五郎の軌跡は、そうした歌謡界の転換期をそのまま体現していた。しかもそれは、デビュー時の演歌からポップスへの路線変更だけではなかった。

彼がオリコン週間シングルチャートで初めて一位を獲得したのが「甘い生活」(一九七四年)である。山上路夫による歌詞は、恋人との同棲生活を解消することになった男性の気持ちを歌ったものだった。そして続く「私鉄沿線」(一九七五年)でも、連続してオリコン週間シングルチャートで一位を記録する。やはり山上の作詞で、こちらは私鉄沿線の街でかつての恋人との思い出に浸る男性の心象風景を歌っている。

これらの代表曲は、野口の繊細な声質と安定した歌唱力を生かしながら、当時流行していたフォークのエッセンスを歌謡曲に取り込んだ作品と言える。それらはフォークのミュージシャンが提供した楽曲ではなかったが、大ヒットした南こうせつとかぐや姫「神田川」(一九七三年)など日常をきめ細やかに描くフォークの世界を特に歌詞の面で彷彿とさせるものだった。それもまた、歌謡界が転換期にあたって新しいトレンドに反応したひとつの動きだったとみることができるだろう。

野口自身はギターを巧みに弾きこなし、海外の最新の音楽動向にも敏感なミュージシャン気質の持ち主でもあった。だがそれらの代表曲の印象もあって、繊細なやさしい青年、文学青年(「むさし野詩人」というシングル曲もあった)的イメージが社会に定着していた。GSからの流れで若者ファッションの定番になった長髪スタイルも、彼の場合は「不良」というよりは「やさしさ」を強調する要素になった。

西城秀樹の〝ロック的なワイルドさ〟

長髪と言えば、西城秀樹もそうだった。だが、こちらはそれによってむしろ対照的に「ワイルド」という印象が強められていた。そこには、彼の音楽的バックグラウンドもあっただろう。

西城秀樹は、一九五五年、広島県に生まれた。家族の影響で幼いころから洋楽に親しみ、小学生のとき早くも兄とバンドを結成。その後もバンド活動は続き、岩国基地などのアメリカ軍基地で演奏するようにもなった。そうしたなか最新の洋楽も熱心に吸収し、とりわけレッド・ツェッペリンなどビートルズ以降のロックにふれたことが自らの音楽活動に大きな影響を与えることになる。

その後スカウトされて上京した西城は一九七二年、「恋する季節」でレコードデビュー、オリコン週間シングルチャートで初めてベストテン入りを果たしたのが五枚目のシングル「情熱の嵐」(一九七三年)だった。本人が「あれでぼくのイメージができ上がった」(『歌謡ポップス・クロニクル――素晴らしき歌謡曲に愛をこめて』〔特集アスペクト39〕、アスペクト、一九九八年、一三七ページ)と振り返る同曲はロック色が前面に出ている一方、「君が望むなら～」と西城が歌うと「ヒデキ!」とファンからコールが沸き起こるなど、いかにもアイドル的な曲でもあった。

アイドル的という意味では、この曲あたりから西城の代名詞になったダイナミックな振り付けの魅力も広く認知されていった。その魅力は「薔薇の鎖」「激しい恋」(ともに一九七四年)などを経て、一九七九年の大ヒット曲「YOUNG MAN (Y.M.C.A.)」のタイトルのアルファベットを表現する有名な振り付けでひとつのピークに達する。

他方で彼は、ドラマチックな展開のバラード曲でも魅力を発揮した。セリフ入りの「ちぎれた愛」(一九七三年)や代表曲「傷だらけのローラ」(一九七四年)などその絶唱型のスタイルは声量豊かかつ感情を爆発させるようなもので、見ているこちらを圧倒するものがあった。

ロックとアイドルを共存させた「不良」西城秀樹

ただいずれにしても、西城秀樹が一貫して追求したのは歌謡曲と洋楽、特にロックの要素を融合した良質の「歌謡ロック」だったと言えるだろう。同じ方向性を共有していた沢田研二と同様、当時としては珍しく自前のロックバンドを従えて歌ったのは、その表れである。また「傷だらけのローラ」のようなバラード曲にしても、本人が言うように「洋楽と日本のメロがうまく融合したようなオリジナリティのあるメロディ」のものだった（同書一三七ページ）。

西城秀樹の最も興味深い点は、根っからのロック志向でありながらも、同時に現在のアイドル文化にも影響を与えるスタイルの開拓者になりえたところだろう。前述したファンのコールや振り付けはその一端だ。また、現在ではアイドルの現場に必須のペンライト（サイリウム）による応援のパイオニアであるともされる。またスタジアムコンサートを開催し、ゴンドラやクレーンを使った演出など現在のアイドル文化に残した影響は小さくない。

その背景には野口五郎の場合と同様に歌謡曲自体の変革、この場合は特に「歌謡ロック」という表現にも示されているように、GSブームを経てロック的な要素を自らの内に取り込んだ歌謡曲の変革があった。そのためロックとアイドルは共存しえたのである。西城秀樹は、その可能性を具現化し、開花させた希有な歌手のひとりだった。西城の存在があったからこそ、その後の「ロック御三家」（Ｃｈａｒ、原田真二、世良公則＆ツイスト）のブレーク、ロックの大衆化もあったと言えるだろう。

そして西城秀樹は、GSからの系譜を受け継いだという意味で、男性アイドルの「不良」タイプの正統的な後継者のポジションにあった。当時の人気劇画を映画化した『愛と誠』(監督:山根成之、一九七四年)で不良の主人公・大賀誠を演じたのも、その点で必然であった。

3　郷ひろみ、そして「新御三家」のアイドル史的意味

「王子様」の系譜を継ぐジャニーズアイドル、郷ひろみ

西城秀樹が男性アイドルの「不良」の継承者だったとすれば、もうひとつの系譜である「王子様」のポジションにいたのが郷ひろみだった。それは、郷ひろみが「王子様」的アイドルの原点であるジャニーズのタレントだったという意味でも自然な流れだった。

一九五五年生まれの郷は、ジャニー喜多川が自らスカウトした数少ないタレントのひとりである(郷ひろみ『20才の微熱』〔Leo books〕、レオ出版、一九七六年、四九―五〇ページ)。スカウトされたのは七一年のことだった。その後NHK大河ドラマ『新・平家物語』(一九七二年)への出演などを経て、七二年に「男の子女の子」でレコードデビュー。早速オリコン週間シングルチャートでベストテン入りになった。「新御三家」のなかでは最後のデビューだが、人気が出るのはその意味で最も早かった。

そこには、現在にも通じるジャニーズ事務所独特の育成システムの効用もあっただろう。「郷ひろみ」という芸名の由来は、それを物語る。

知られるように、ジャニーズ事務所には「ジャニーズJr.」と呼ばれるメジャーデビュー前のタレントが存在する。彼らは、すでにメジャーデビューした先輩グループのバックダンサーなどでステージに立つ。それは、単に経験を積ませるというだけでなく、デビューする以前の段階から熱心なファンを生むことにもなる。

すでにそのような仕組みは、ジャニーズ事務所の草創期から存在していた。前章で取り上げたフォーリーブスは、デビュー前から初代ジャニーズのステージに出演していた。そして同じく郷ひろみもフォーリーブスに同行し、そのステージに登場していた。

そんなある日のこと。デビュー前の郷ひろみは本名の原武裕美としてフォーリーブスのテレビ番組のステージに立った。それは、歌手としての初舞台だった。するとそのとき、会場の女性たちから一斉に「ゴーゴーゴーゴー　レッツゴーヒロミ」というコールを「お祝いの花火のように浴びせられた」。これに驚きと感激を味わった彼は、この「ゴー」にちなんで芸名を「郷ひろみ」に決める（同書六七―六八ページ）。

前節で西城秀樹が歌う際のファンのコールにふれたが、ここではアイドルという存在がファンによって生み出されるものであることがより劇的に示されている。ファンは、実在でありながら一種の虚構性を生きるアイドルという独特の存在の誕生に深く関与する。この場合、原武裕美というひとりの少年は、ファンのコールを通過儀礼的に体験することを通じて「郷ひろみ」というアイドルに生まれ変わったのである。

そして、なかでもこうしたファン主導の度合いが高いアイドルは、やはり「王子様」的なものになるだろう。郷ひろみも、最初から「王子様」として完成されていたわけではない。ファンがそのようなものとして発見し応援することによって、彼自身も「王子様」的ポジションを徐々に自覚していくのである。

郷ひろみの〝中性的な美しさ〟

デビュー曲「男の子女の子」も、そうした郷の「王子様」的ポジションを後押しするようなものだった。当時のレコーディングディレクターだった酒井政利は、郷の「男でもない女でもない中性的な美しさ」に引かれた（酒井政利『アイドルの素顔——私が育てたスターたち』〔河出文庫〕、河出書房新社、二〇〇一年、八一ページ）。その感覚を表現しようと考えたのが、「男の子女の子」である。

酒井によれば、デビュー当時の郷ひろみは、「幾分ふっくらとした幼さの残る男の子ではあったが、目だけは決して子供のそれではなかった。ひと言で言えば、茫洋とした目、何を考えているのだろうかと思わせるような目……であった。そして無口で、愛想笑いなど一切しない少年であった」（同書八一ページ）。

その魅力を酒井は〝不気味さ〟と表現している。それはおそらく、「郷ひろみ」という「王子様」的アイドルが、男性か女性か、子どもか大人かというような性別や年齢についての固定観念を超えたところにいることを酒井なりに表現したものだろう。

そこには、既存の性別を超えたところにあるエンターテインメントという点で、宝塚歌劇にも通じるものが感じられる。実際、「男の子女の子」の詞を担当したのは、越路吹雪との盟友関係で知られ、宝塚歌劇団出版部にいた経歴をもつ作詞家・岩谷時子だった。

その後も岩谷は、「裸のビーナス」(一九七三年)、「花とみつばち」(一九七四年)など郷ひろみの初期ヒット曲の多くを手掛けることになる。そうした積み重ねのなかで、(これは岩谷の詞ではないが)「よろしく哀愁」(一九七四年)が郷自身、そしてジャニーズにとっても初のオリコン週間シングルチャート一位を獲得するに至るのである。

そもそもジャニー喜多川も、男性版宝塚を目指してジャニーズ事務所を創設したという経緯があった。郷ひろみがその理想を実現しうる才能として期待をかけられていただろうことは想像にかたくない。だが一九七〇年代半ば、郷の独立、そして事務所移籍があり、ジャニー喜多川にとっての理想の実現はいったん中断されざるをえなくなった。

絶妙のバランスだった「新御三家」

ここで、前節で述べたこともあわせて「新御三家」について少しトータルな観点で考えてみたい。所属事務所はみな異なっていたものの、三人の三者三様の個性は絶妙のバランスになって「新御三家」をあたかもひとつのグループのように見せていた。

まず音楽的には、野口五郎と西城秀樹が好対照だった。野口がフォーク的な要素を巧みに取り入れながら歌謡曲に新しい色合いを与えたとすれば、西城秀樹はロックをベースに洋楽のエッセンスを歌謡曲に持ち込んだ。

それは、演歌の五木ひろし、森進一と並んで当時歌謡界の「四天王」と呼ばれた布施明と沢田研二の関係性にも似ている。布施はフォークの小椋佳が作った「シクラメンのかほり」(一九七五年)を自らアコースティックギターを弾きながら歌って大ヒットを飛ばし、沢田は自前のロックバンドをバックに歌い、世間をあっと驚かせた衣装やメークなども含めて、ロック的な表現を歌謡曲のフィールドで主張し続けた。野口五郎と西城秀樹はこうした音楽的追求をアイドルの領域で繰り広げたと言える。

またここまでたびたびふれてきた男性アイドルの「不良」と「王子様」のイメージの対比は、西城秀樹と郷ひろみが表現していた。繰り返しになるが、西城が「不良」とすれば、郷が「王子様」である。

しかし一九七〇年代になり、そこには時代とともに起こった変化もあった。たとえば不良性は、すでにGSのように社会問題化するようなものではなくアイドルのひとつの個性として受け入れられるものになっていた。西城秀樹に対する〝ワイルド〟という形容は、「不良」がポジティブなものに反転した好例だろう。

また「王子様」という言葉が感じさせる遠い存在というイメージも、あらゆる存在を身近なものにするテレビの時代のなかで解釈し直されていく。酒井政利が郷ひろみを形容した〝中性的な美しさ〟とは、そのような読み替えのひとつだったと言えそうだ。そうした〝中性的な美しさ〟は、ちょっと浮世離れしたところがあるコミカルな魅力と視聴者から受け取られ、郷自身の活躍の幅を広げた。樹木希林とのデュエットでヒットした「お化けのロック」（一九七七年）や「林檎殺人事件」（一九七八年）などはその典型であり、ともに二人が出演したTBSのコメディードラマ「ムー」シリーズで歌われたものだった。

郷に限らず「新御三家」は、日本テレビのバラエティ番組『カックラキン大放送!!』（一九七五―八六年）に代表されるようにコントなども達者にこなした。ただその場合の特徴も、郷が独特のキャラクターの面白さだったとすれば、野口はダジャレの巧みさ、西城は物まね上手というように、それぞれ三者三様だった。

アイドル歌手がまだ異端だった一九七〇年代

こうしてそれぞれの個性の違いがもたらす相乗効果もあって、一九七〇年代の「新御三家」の登場によって男性アイドルの世界は一気に活性化し、アイドル時代が本格化した。「青い麦」（一九七二年）の伊丹幸雄、「イルカにのった少年」（一九七三年）の城みちる、「気になる17才」（一九七四年）のあいざき進也なども、この時代を飾った男性アイドル歌手である。そしてこの時期に「新御三家」が築いた男性アイドルのかたちが、現在の男性アイドルの基盤になったと言っても過言ではないだろう。

とはいえ、当時の歌謡界では、アイドル歌手はまだ異端の存在だった。それはまだ一人前になりきっていない歌手というような否定的ニュアンスでみられがちであり、したがってアイドル歌手が一人前と認められるには「大人の歌手」になる必要があった。「新御三家」の歌唱力が決して「大人の歌手」に劣るものではなかったとしても、そこには「アイドルにしては」という決まり文句がつきまとった。

そうしたなか「新御三家」もご多分に漏れず、キャリアを積むにつれて「大人の曲」をリリースし、「大人の歌手」への脱皮を図っていった。それは当時の〝常識〟ではあったが、アイドルというあり方からは実質的に離れていくことを意味した。

ただ一方で、男性アイドルが〝永遠のアイドル〟であろうとする世界もあった。それは、一九六〇年代から七〇年代にかけて人気を誇った学園ドラマの世界である。若手俳優の登竜門として、そこからアイドル的存在も次々に誕生した。次章では、そちらに目を向けてみることにしたい。

第3章　学園ドラマと「ロック御三家」——一九七〇年代の多様化

前章では、野口五郎、西城秀樹、郷ひろみの「新御三家」それぞれの特徴、また彼らが男性アイドル史で果たした役割についてみてきた。一方、同じ一九七〇年代には歌手だけでなく、学園ドラマから生まれたアイドル、さらにロックの分野からのアイドルも誕生した。本章では、その流れをたどってみたい。

1　森田健作と学園ドラマのアイドル化

思わぬ成功だった『青春とはなんだ』

学園ドラマはいまも健在だが、ゴールデンタイムに放送されることも多かった一九七〇年代のほうが人気という点では勝っていたかもしれない。そして歌手の世界で「新御三家」の前に「御三家」がいたように、学園ドラマにもまた六〇年代からの歴史があった。

当時、学園ドラマの分野を大きく開拓したのは日本テレビだった。

「テレビ映画」という表現がある。映画のスタッフが中心になって映画的手法で撮影されるテレビドラマのことである。一九五〇年代、テレビの黎明期は『ローン・レンジャー』や『アイ・ラブ・ルーシー』などアメリカ製のテレビ映画が人気を得た。ところが六〇年代になるとさまざまな理由から勢いが衰え、代わって日本製のテレビ映画を作ろうという機運が盛り上がってくる。そのなかで作られたのが、日本テレビの〝学園青春もの〟の一連の作品だった。

記念すべき第一作は、石原慎太郎の同名小説が原作の『青春とはなんだ』（一九六五―六六年）である。主演は当時東宝のスターだった夏木陽介。夏木が演じたのは、アメリカ帰りの新任教師・野々村健介。彼が赴任するのは田舎《いなか》の小さな町の高校である。その町にはいまも昔からのしきたりが残り、人びとは閉鎖的だ。野々村はそんな古い慣習や価値観に反発し、アメリカ仕込みの果敢な行動力で生徒が抱える悩みや問題を解決していく。

封建的な人びとに立ち向かう民主主義的な熱血教師。そんな学園ドラマの基本構図が当初から明確だったことがうかがえる。夏木演じる教師がアメリカ帰りで、しかも都会ではなく田舎の学校に赴任するという設定も、その対比を強調している。

また、スポーツというこれもまた学園ドラマに欠かせない要素もこの時点で登場している。『青春とはなんだ』ではラグビーだった。スポーツを通じて生徒たちは信頼関係や友情を深め、人間的に成長していく。これも学園ドラマで繰り返されるモチーフである。

そんな『青春とはなんだ』は、視聴率面でも思わぬ大成功を収めた。放送時間は日曜夜八時からで、裏番組にNHK大河ドラマがある時間である。一九六三年に始まった大河ドラマは、このときすでに高視聴率を上げる人気コンテンツになっていた。ところが、『青春とはなんだ』は周囲の予想を裏切って大河ドラマ『源義経』（一九六六年）に肉薄するどころか、それを上回る視聴率さえ上げたのである。

学園ドラマで新人が抜擢された理由

この成功を受け、当然第二弾の話が持ち上がった。それが、『これが青春だ』（一九六六―六七年）である。

この作品も、主演は夏木陽介の予定で準備が進められていた。だが突然、それが困難になった。専属契約を結んでいた東宝の映画に夏木が出演することになり、そちらが優先されたのである。企画は暗礁に乗り上げそうになった。あらためて有名俳優をキャスティングしようにも、もう時間がない（岡田晋吉『青春ドラマ夢伝説――あるプロデューサーのテレビ青春日誌』日本テレビ放送網、二〇〇三年、五四ページ）。そこでスタッフは、急遽新人を起用する賭けに出た。このとき抜擢されたのが、いまもドラマなどで活躍する竜雷太である。

彼自身、演技の勉強を目的としたアメリカ留学から帰国したばかりであり、その点ドラマ中の教師のイメージにぴったりでもあった。とはいえ、苦肉の策であることに変わりはない。しかし、結果的に視聴率もよく竜雷太は一躍人気者になった。これ以降、主役に新人を抜擢することが、学園ドラマの定番的手法になっていく（同書五五―六二ページ）。

　一方、こうした学園ドラマでは、不良生徒役も欠かせない。そこから人気者も数多く生まれた。そうしたキャラクターは、コミカルな役割でドラマのアクセントになるだけでなく、熱血教師との出会いによって心を入れ替える役柄として物語的に重要な役割を帯びた。最初は反発心むき出しだった不良生徒が、熱血教師の生徒を真剣に思う姿に心を動かされ、一転スポーツに打ち込むようになる。そうした展開がしばしば描かれた。

　その構図には、男性アイドルの「王子様」と「不良」の二大タイプが発見できると言えなくもない。たとえば、アメリカのようなはるか離れたところから突然やってきて生徒たちを救ってくれる新任教師は「王子様」のバリエーションであり、生徒を疑うことがないその真っ直ぐな熱血ぶりは「健全さ」の象徴である。それに対し、不良生徒は校則を破り、ときにはけんか沙汰を引き起こす。大人を信用していない。だが学園ドラマの場合は、そこに根は素直で純情というキャラクター設定が加わっている。つまり、「不良」でありながら実は「健全」というわけである。

　その設定があることによって、熱血教師と不良生徒が〝仲間〟のようになるパターンも生まれる。熱血教師が生徒と一緒に騒動を起こしてしまい、校長や教頭にお灸をすえられる、といったような場面などはその典型だろう。教師役を新人が務めることは、その点でも効果的だった。

　ただし一九六〇年代の時点では、教師と生徒は根本的にはまだ対等な関係ではない。物語的に言えば、教師は弱い生徒を救う完全無欠のヒーローの役回りである。その意味ではこの段階での学園ドラマの教師は、ここまで再三ふれてきた「未熟ではあっても努力して成長する存在」という意味でのアイドルではない。

生徒が主役になった森田健作『おれは男だ！』

この二作のあとも、学園ドラマは作られ続けた。しかし、マンネリ化もあってか最初ほどの勢いはみられなくなっていく。

そうしたなか、一九七〇年代に入って登場したひとつの作品が、再び学園ドラマを活性化することになる。森田健作主演の『おれは男だ！』（日本テレビ系、一九七一―七二年）がそれである。まず最大の変更ポイントは、教師ではなく生徒が主人公になったことだった。

物語は、森田健作演じる小林弘二が青葉高校に転校してくるところから始まる。もともと名門女子高だった青葉高校は、最近共学になったばかり。まだ男子生徒は少なく、女子生徒に数でも勢いでも押されぎみだ。そこで一念発起した弘二は自ら剣道部を結成し、女子生徒のリーダー的存在である吉川操（早瀬久美）が率いるバトン部に対抗しようとする。

転校生が学校を変えるという設定が、『青春とはなんだ』や『これが青春だ』の新任教師のパターンを受け継いでいることは明らかだろう。当時はウーマンリブが叫ばれていた時代状況で、それに小林弘二の「男らしさ」を対峙させる構図である。登場するスポーツが学園ドラマ定番のラグビーやサッカーではなく剣道、つまり武道であるのも、その表れとみることができる。

ただし主人公の小林弘二は、女性の権利をむやみに否定するわけではない。女性とのあいだにも友情を育み、対立を乗り越えようともする。剣道のライバル役として登場する丹下竜子（小川ひろみ）の存在はその象徴だ。そこに吉川操も絡んだ三人の、いかにも思春期らしいほのかな恋愛模様が描かれることで、ドラマとしての魅力が増していた。

学園ドラマのアイドル時代が始まった一九七〇年代

このように友情や恋愛の機微をきめ細かく描くことができたのは、言うまでもなく教師ではなく生徒が主役だったからである。それと同じ理由で、「王子様」と「不良」が対等な立場でライバル関係を繰り広げることも可能になった。小林弘二は何事にも熱く、純粋で生真面目。いわば熱血教師の生徒版であり、「健全」な「王子様」そのものである。

一方、『おれは男だ！』にも印象的な不良生徒が登場する。志垣太郎が演じた西条信太郎は、弘二と同じく転校生。だがタイプは真逆で、制服着用の高校に派手な私服で登校し、四輪駆動車を乗り回すかと思えばトランペットの名手でもある。親との関係はうまくいっておらず、自らスナックを経営して自活している。しかも剣道の腕も確かで、その点でも弘二を脅かす（『TV青春白書～僕たちの卒業アルバム～――まるごと一冊学園ドラマの本。』〔TOKYO NEWS MOOK 第三号〕、東京ニュース通信社、一九九五年、四七ページ）。

従来の学園ドラマの不良生徒が熱血教師によって教え導かれる立場だったとすれば、西条信太郎は自立している。そのうえで、小林弘二と彼は対立しながらも互いを次第に理解するようになる。

つまり、従来の学園ドラマの教師が完全無欠のヒーローだったとすれば、この『おれは男だ！』で森田健作が演じる生徒は、迷い悩みながらもライバルとの切磋琢磨のなかで成長していく、いわばアイドル的なキャラクターだった。学園ドラマでも一九七〇年代になって、アイドルの時代が本格的に到来したのである。学園ドラマ出演の若手人気俳優は、「新御三家」とともに男性アイドル界の一角を担う存在になっていく。

『おれは男だ！』に〝歌謡ドラマ〟の趣があった（初回にはフォーリーブスが本人役で出演し、歌った）ことなどは、そんなアイドル化の一端だろう。

森田健作は自ら主題歌「さらば涙と言おう」を歌い、これがヒット。劇中で森田が挿入歌「友達よ泣くんじゃない」を歌うミュージックビデオ風の場面もあった。また不良生徒役で当時人気を集めた石橋正次も日本テレビ系『飛び出せ！青春』（次節で詳しくふれる）の挿入歌「夜明けの停車場」（一九七二年）をヒットさせ、『ＮＨＫ紅白歌合戦』にも出場したほどだった。

次節は、そんなアイドル化が始まった学園ドラマのその後についてみていきたい。

2　中村雅俊の登場と〝終わらない青春〟

生徒化する教師——『飛び出せ！青春』の試み

森田健作主演の『おれは男だ！』の成功によって、一時停滞感があった学園ドラマも活気を取り戻した。その余勢を駆るように制作されたのが、日本テレビ系『飛び出せ！青春』（一九七二―七三年）である。ただし、ここで主役は教師に戻った。新任教師・河野武役を演じたのは、やはりドラマでは新人の村野武範である。

同番組の企画・プロデュースをした日本テレビ（当時）の岡田晋吉は、ここで学園ドラマの教師像を練り直した。岡田によれば、『青春とはなんだ』などの初期には「一段上の立場から生徒をぐいぐい引っ張っていく『先生』がうけた」。だが一九七〇年代になり、そのような「先生」は絵空事にしかみえなくなった。そこで岡田は、この『飛び出せ！青春』の先生には、「その階段を一段降りてもらって、『生徒と同じレベルの先生』になってもらおう」と考えた。若いだけでなく、「生徒と一緒になって悩んだり苦しんだりする『先生』」像を構築しようとしたのである（前掲『青春ドラマ夢伝説』九八ページ）。

それを象徴する回として、岡田は第十四話「月光仮面は正義の味方!!」を挙げている（同書一〇一ページ）。ひとりの生徒が「月光仮面」と名付けた新聞を作り、その紙面でクラスメートのちょっとした悪さを告発し始める。非難を浴びて孤立する生徒を心配し、諭す河野。すると生徒は、それならばとばかりに今度は学校の外にある大きな悪を暴こうとする。ところが記事にしようとした悪事の張本人は、尊敬する自分の父親だった。正義感と家族への思いのあいだで引き裂かれ、苦悶する生徒……。

従来の学園ドラマであれば、ここぞとばかりに村野武範演じる河野先生が超人的な活躍をして生徒を窮地から救い出すにちがいない。しかし、このドラマではそうはならない。河野は無力な自分を嘆き、「俺はお前に何もしてやれない。それがつらいんだ」と涙を流すのである。

まさに、そこには「生徒と一緒になって悩んだり苦しんだりする『先生』」がいる。教師は生徒と同じ目線に立ってともに悩み、そして喜ぶ。いわば、教師は生徒化したのである。

そうなったのも、生徒が主役の『おれは男だ!』の成功が直前にあったからこそだろう。そしてそのとき、学園ドラマのなかの学校は、上下関係がない誰もが平等な理想郷のような空間になる。このドラマに登場する「太陽学園」は、無試験で入れる全入制の高校という設定だった。しかも河野先生は、寮で生徒と起居をともにしていもする。一見現実離れした話だが、放送当時は太陽学園への入学を希望する視聴者からの真面目な問い合わせが少なからずあったという(同書一〇一―一〇二ページ)。

『われら青春!』は学園ドラマの到達点

『飛び出せ!青春』は、青い三角定規が歌った主題歌「太陽がくれた季節」もヒットし、視聴率も好調だった。ここで学園ドラマのジャンルはますます揺るぎないものになったと言っていい。

この『飛び出せ!青春』の世界をそのまま引き継いだのが、続いて制作された『われら青春!』(一九七四年)である。主人公である太陽学園の新任教師・沖田俊は、河野先生の大学の後輩という設定。演じたのは、やはり新人の中村雅俊だった。そこで描かれた教師像もまた、『飛び出せ!青春』が打ち出した〝教師の生徒化〟をさらに推し進めたようなものだった。

先ほどふれた『飛び出せ!青春』の「月光仮面」の回では、河野先生は力になれない生徒のために泣いた。ただ、そこで泣くということは、本当の意味ではまだ教師と生徒は対等ではないということでもある。それはヒーローとしての無力感の表現であり、逆に言えば生徒と行動をともにするには至っていない。「まだ、『青春とはなんだ』の〝ヒーロー先生〟の影を受け継いでいた」と考えた前出の岡田晋吉は、この『われら青春！』では、「『先生』を『生徒』と同じレベルまで引き下げてしまおう」ともくろむ（同書一一二ページ）。

そのコンセプトを凝縮したような回として岡田が挙げるのが、第一話「学校より大事なこともある!!」である。

冒頭、沖田俊は転校生と間違われ、自らも友達同士のように付き合いたいと生徒の前で宣言する。そして成績が悪い生徒を集めてラグビー部を結成。ある日、ラグビー部員のひとりがお坊ちゃん学校のラグビー部員たちに襲われる事件が起こる。すると沖田先生は仲裁に入るのではなく、その生徒の助けに入って相手とけんかを始めてしまう。それが大問題になり、彼は赴任早々学校を辞めることになってしまう。

悄然として駅のホームにたたずむ沖田先生。するとラグビー部の生徒たちが駆け付け、辞めないでくれと叫びながら向かいのホームからラグビーボールを投げてよこす。感激しながらそれを生徒に返す沖田。そこから線路を挟んで走りながらのパスの交換が始まる……。

当時よくお笑いのネタにもされた場面だが、そこには沖田先生が生徒の仲間であることが端的に表現されている。何もできない無力さを嘆くのではなく、たとえ無力であっても生徒と常に行動をともにする。教師と生徒のそんな関係性は、一九六〇年代以来の学園ドラマのひとつの到達点だったと言えるだろう。

そんな理想的教師像を演じた中村雅俊は、学園ドラマのアイコン的存在になった。と同時に、失敗や挫折を繰り返しながら自分も成長していく役柄を演じ続け、この時代ならではのアイドルになった。

中村雅俊が体現したモラトリアム

中村雅俊の魅力は、繊細さとラフさが同居しているところにある。

中村は、歌手としても多くのヒット曲を出した。そのきっかけになったのが、『われら青春!』の挿入歌「ふれあい」(一九七四年)である。このデビュー曲は、オリコン週間チャートでなんと十週連続一位を記録し、レコード売り上げも百万枚を超える大ヒットになった。悲しみや空しさに襲われるとき、「あの人」にそばにいてもらいたいという内容の歌詞を、当時中村雅俊はアコースティックギターの弾き語りで切々と歌った。これもまた、以前ふれた野口五郎の「私鉄沿線」などと同じく、フォークがもつ繊細さを歌謡曲に取り込んで成功したケースと言えるだろう。

ただそうした一方で、中村雅俊には昔懐かしい「バンカラ」を思い起こさせるラフな魅力があった。そのイメージを決定づけたのが、一九七五年から七六年にかけて放送された日本テレビ『俺たちの旅』である。

この作品で中村雅俊が演じたのは、大学生・津村浩介役。短気ですぐにカーッとなるため、付いたあだ名がカースケ。長髪、そしてジーパンに下駄履き。見た目も性格的にも「バンカラ」な感じである。ただしそれは、懐古趣味ということではなく彼なりの意思表明でもある。

カースケは卒業間近の四年生だ。だが、ほかの同級生がスーツに革靴姿で就職活動に励むなか、まったくそうしようとしない。自分のやりたいことがわからず、ずっと悩んでいる。裏を返せば、それだけカースケは世の常識にとらわれず自分の気持ちに素直でありたいと考えている。その表現が、ジーパンに下駄履きというスタイルなのだ。そしていったんは就職するもすぐに会社を辞めたカースケは、仲間のグズ六（津坂まさあき〔現・秋野太作〕）、オメダ（田中健）らとともにいまで言う「便利屋」を始めて自分の生き方を貫こうとする。

一九七〇年代後半、「モラトリアム」という言葉が流行語になった。「大人になる前の猶予期間」を意味する心理学用語だが、心理学者・小此木啓吾が書いた『モラトリアム人間の時代』（〈中公叢書〉、中央公論社、一九七八年）がベストセラーになって、一躍知られるところになった。

カースケは、典型的な「モラトリアム人間」である。しかも、大人になることを先延ばしにするだけでなくきっぱり拒絶し、ずっと自由であろうとする。それは大人の側から言えば〝無責任〟の極みかもしれない。だがこのカースケの生き方は同世代の若者から絶大な支持を受けた。ドラマも高視聴率を記録、当初半年間だった放送予定が一年に延びたほどだった。登場人物たちのその後を描いたスペシャル版も、後年何度か制作された。

〝終わらない青春〟というメッセージ

この『俺たちの旅』に至って、学園ドラマは学校という閉ざされた空間から出て外側の現実にまで世界を広げたと言える。たとえ大学を卒業しても、青春は終わらない。そういうメッセージが作品全体を通じて伝わってくる。

同じメッセージは、本書でも「不良」アイドルの元祖的存在としてふれた、ショーケンこと萩原健一が出演した『太陽にほえろ!』にもあった。第1章でもふれたように、このドラマは刑事ドラマであると同時に、ショーケンが演じたマカロニ刑事を主人公とする青春ものでもあった。ただマカロニが殉職によって青春を終えたのに対し、カースケはずっと生き続け、したがって悩める青春も終わらなかった。そこには、「不良」でもなく「王子様」でもない、等身大の普通の若者の姿があった。そこに同世代の共感は集まった。

この〝終わらない青春〟というコンセプトは、男性アイドル史の観点からみても重要なものだ。成長を続ける未完成の魅力、それがアイドルの本質であると、ここまで繰り返し述べてきた。だからこそアイドルという存在は、人間的成長の時期である青春と密接なものだった。

したがって、『俺たちの旅』で描かれたように青春が終わらないものになるとすれば、アイドルもまた終わらないものになっていく。言い換えれば、青春がずっと続くものになることによって、アイドルは年齢に左右されないものになる。

前章で、「新御三家」ら一九七〇年代のアイドル歌手は「大人の歌手」になることを必然と受け止め、アイドルのポジションから離れていくのが常だった、と述べた。だが学園ドラマの世界では、逆に「ずっと大人にならないでいること」が肯定的にとらえられるようになった。それは、ジャニーズに典型的にみられる現在の〝終わらないアイドル〟の時代をある意味で先取りしていた。

また、学校の外の社会に出ても青春が終わらないということは、大きな観点からみれば学校と社会の境目がなくなるということに通じる。それは、社会と隔絶した理想郷を描いていた学園ドラマのフォーマットにも、翻って根本的な転換を促すものだった。

一九七〇年代の終わり、「学校は社会の縮図」という発想に基づいた新しい学園ドラマの波が起こる。その代表が、七九年に始まりシリーズ化された『3年B組金八先生』（TBS系）である。このドラマでは中学生の性や校内暴力、さらには性同一性障害やドラッグ問題まで実にさまざまな社会的テーマが扱われ、新しいリアルな学園ドラマとして高く評価された。

ただし興味深いことに、そのようなシリアスな内容にもかかわらず、この『3年B組金八先生』からは従来の学園ドラマと同様に多くのアイドルも生まれた。

その先鞭をつけたのが、第一シリーズに生徒役で出演して爆発的ブームを巻き起こした田原俊彦、近藤真彦、野村義男のたのきんトリオである。一九七〇年代後半停滞していたジャニーズは、これをきっかけに八〇年代以降大きく息を吹き返すことになる。その意味では、男性アイドル史のターニングポイントになった作品でもあった。そのあたりの経緯については、次章であらためて述べることにしよう。

その前に次節では、一九七〇年代後半の「ロック御三家」（Ｃｈａｒ、原田真二、世良公則&ツイスト）のブレークに象徴されるアーティストのアイドル化現象にふれてみたい。

3　クイーン、BCRから「ロック御三家」へ

洋楽ミュージシャンのアイドル化——クイーンの場合

日本の男性アイドル史の出発点になった出来事として、GSブームを生んだビートルズの来日があった。ただ第1章でもふれたように、ビートルズにはアーティストとアイドルの両面があった。ビートルズを純然たるアイドルとは言いにくい。むしろアーティストと考えるひとも少なくないはずだ。

一九七〇年代になっても、同じ状況は続いた。ただそうしたなかで、海外ミュージシャンがアイドル的扱いを受ける現象も目立ち始める。

まず一九七〇年代前半から中盤にかけて、クイーン、キッス、エアロスミスのロックバンド三組が若い女性の支持を受けて「洋楽ロック御三家」と称されるようになった。当時「ミュージック・ライフ」（シンコー・ミュージック、一九三七―九八年）などの洋楽メインの雑誌でも毎号のように彼らの写真が誌面を飾り、来日公演などの際には詳細な密着記事やインタビューが掲載された。

全員が歌舞伎の隈取りのようなメークでエンタメ性も高かったキッス、いかにもロックという感じの不良的魅力で引き付けたエアロスミスとともにその一角を占めたクイーンは、メンバーのフレディ・マーキュリーの半生をモデルにした映画『ボヘミアン・ラプソディ』（監督：ブライアン・シ

ンガー）が二〇一八年に公開されて記録的な興行収入を上げたように、いまだに根強い人気を誇る。

四人組のクイーンは一九七一年にイギリスで結成され、七三年にデビューした。本国で人気がなかったわけではなくヒット曲も出ていたが、とりわけ熱狂的な反応を示したのが日本の若い女性たちだった。七五年の初来日の際にはファンの女性たちが大挙空港に押しかけ、ニュースにもなった。その同年に発売され、のちに映画タイトルにもなった「ボヘミアン・ラプソディ」がポピュラー音楽史上に残る大ヒットになって、クイーンは世界的なスーパースターへと飛躍していく。

抜群の容姿で目を引いたドラムのロジャー・テイラーなどメンバーのビジュアルのよさやステージングの華麗さもあって、確かにクイーンにはアイドル的人気を獲得する条件が備わっていた。日本のファンは、そのあたりに敏感に反応したと言える。

ただし彼らの音楽的志向は、若い女性向けを特に意図していたわけではなかった。ロックをベースとしながら、クラシック、ジャズ、ブラックミュージック、カントリーと多彩なジャンルの音楽を融合させた楽曲とサウンドは独自の音楽に昇華され、洋楽ファン全般をも引き付けた。オペラ風のコーラスを大胆に取り入れ、斬新な組曲的構成でシングル曲としては異例の約六分の長さだった「ボヘミアン・ラプソディ」は、その象徴である。彼らの音楽は、いわゆるヒット狙いのポップミュージックからはほど遠いものだった。

人気が沸騰したベイ・シティ・ローラーズ

だが一方で、海外ミュージシャンのアイドル化の流れは衰えるどころか、いっそう強まっていった。そうした折、ティーンを中心に爆発的人気を獲得したのがベイ・シティ・ローラーズ（BCR）である。

BCRはスコットランド出身のメンバーで結成したロックバンドで、一九七一年にデビューしたものの当初は売れなかった。ところがボーカルが二代目のレスリー・マッコーエンになると、一転して上昇気流に乗り始める。七五年に発売された「バイ・バイ・ベイビー」がイギリスで大ヒット、日本でも人気に火がついた（同曲を郷ひろみがカバーしたほどだった）。

さらにその人気を決定づけたのが、同じく一九七五年発売の「サタデー・ナイト」である。この曲はビルボードでグループ初の全米一位を獲得、全世界的にヒットした。それ以後、「二人だけのデート」「ロックン・ロール・ラブレター」（ともに一九七五年）とヒット曲が続き、一気にブームが巻き起こる。日本でも人気は沸騰した。

「洋楽ロック御三家」に比べて、BCRは日本人が思い浮かべるアイドル像に近かった。少年のようなビジュアルと髪形、バラバラではなくスコットランド出身ということからタータンチェックで統一されたユニフォーム的衣装、恋愛や青春を切なげに、そしてときには弾けて歌ういかにもポップな楽曲。それらが相まって、彼らは違和感なく「アイドル」のイメージを投影できる対象だった。興味深いのは、そんな彼らの人気を支えたメディアとして、従来の雑誌やラジオにテレビが加わったことである。

よく知られるように、ミュージックビデオの製作が本格化するのは一九八〇年代にアメリカでMTVが登場し、マイケル・ジャクソンの「スリラー」などが話題を呼んだあたりからである。それ以前は、日本で海外ミュージシャンが〝動く〟姿を目にするには、コンサートに足を運ぶくらいしか方法がなかった。ただ、その機会も当時はかなり限られていた。

そうした状況のなかで、海外ミュージシャンの歌や演奏を見せてくれた貴重なテレビ番組のひとつが、NHK『ヤング・ミュージック・ショー』(一九七一―八六年)である。不定期の放送だったが、それでもレコードやラジオで聴くだけだった歌や演奏を目の当たりにするインパクトは大きかった。エマーソン・レイク&パーマーなど、この番組で放送されたライブステージが話題になったミュージシャンも少なくない。

BCRは、当時の人気を物語るように一九七六年から七七年にかけての短期間に計三回、この番組に登場している。

一回目の出演が一九七六年五月五日。内容はイギリスBBCが制作したスタジオライブの放送だったが、BCRが日本で広く認知されるきっかけになった。その半年後に発売されたアルバム「青春に捧げるメロディー」は、オリコン週間チャート三週連続一位を達成し、六十万枚超という洋楽としては異例の売り上げを記録した。

そして同年の十二月に初来日。その際にNHKのスタジオで収録されたライブが二回目の出演(一九七七年一月八日放送)である。

このときBCR側からは、「〝口パク〟であること」と「ファンの人たちを出来得るかぎり大勢入れること」が条件として出されたという(城山隆『僕らの「ヤング・ミュージック・ショー」』情報センター出版局、二〇〇五年、三九五ページ)。そこには歌や演奏そのものを聞かせるよりも、メンバーのパフォーマンスとそれに対するファンの反応、その現場の熱気を優先的に見せたいというアイドル的戦略が透けてみえる。実際、五百人ほどが集まったスタジオは、舞台セットが壊れるかとスタッフが心配するほどの熱狂ぶりになった。視聴率も一五パーセント前後と、この種の番組としてはかなり高いものになった（同書四〇四―四〇五ページ）。

ロックアイドルの葛藤――レイジーの場合

日本にも、アイドル的人気を集めたロックバンドがいなかったわけではない。一九七七年にデビューしたレイジーなどはその筆頭だろう。ボーカルだった景山浩宣はのちにソロになって影山ヒロノブと改名。いまや特撮・アニメソングの歌手として大御所的存在である。

レイジーの売り出し方には、BCRの存在がやはり意識されていた。キャッチフレーズも「和製ベイ・シティ・ローラーズ」。衣装もタータンチェックではなかったが、トリコロールカラーで統一された。またファンの応援もそろいの法被を着るなど、アイドルの親衛隊を彷彿とさせるものだった。

ただ、バンド名のレイジーがディープ・パープルの同名曲からとられたものであるように、もともと彼らは本格的なハードロック志向のバンドだった。ギターの高崎晃とドラムの樋口宗孝がのちにヘヴィメタルバンドLOUDNESSを結成したことでもわかるように、その志向は一貫して強かった。

ところが、彼らの代表的ヒット曲になった一九七八年発売の「赤頭巾ちゃん御用心」は、好きな女の子を赤頭巾に見立て、自分がライバルの男性、つまり狼たちから守ってあげるよという内容の、まさに王道のアイドルソングだった。その後も同様の路線を求められた彼らは本来の音楽性とのギャップに苦しみ、激しく葛藤することになる。そして結局、レイジーは八一年に解散に至る（一九九八年に再結成）。

さかのぼれば、同様の葛藤はGSにもあった。テンプターズ時代の萩原健一は、目指していたローリング・ストーンズのような方向性とはかけ離れた「変なアップリケの付いたヒラヒラのユニフォーム」を着て歌わされることに、強い不満を抱いていた（萩原健一『ショーケン』講談社、二〇〇八年、一一四―一一八ページ）。

とはいえ、日本でもロックとアイドルの取り合わせが本格的な大衆人気を得るための機はすでに熟していた。レイジーとほぼ同時期にデビューした三組のアーティスト、Ｃｈａｒ、原田真二、世良公則＆ツイストがそろって高い人気を集め、彼らは「ロック御三家」と呼ばれるようになる。次節では、そのうち、Ｃｈａｒと原田真二がたどった軌跡をそれぞれ振り返ってみたい。

4　Ｃｈａｒと原田真二、それぞれの軌跡

ロックギタリストＣｈａｒ、歌謡曲を歌う

「ロック御三家」のひとりＣｈａｒは一九五五年生まれ、つまり野口五郎、西城秀樹、郷ひろみの

「新御三家」の三人とは同学年である。小学生のころからギターを弾き始め、中学生から高校生になるころには早くもスタジオミュージシャンとして活動するなど、抜きんでた才能を示していた。十八歳の年に金子マリらとスモーキー・メディスンを結成。ただ活動はライブがメインでメジャーデビューをしないまま、同バンドは七四年に解散する。

結局レコードデビューは、ソロアーティストとしてだった。一九七六年六月にデビューシングル「NAVY BLUE」、その三カ月後にはファーストソロアルバムをリリース。だが、すぐにブレークとはいかなかった。

Ｃｈａｒの存在が広く世に知られるようになるのは、その一年後に発売された二枚目のシングル「気絶するほど悩ましい」のヒットによってである。この曲は、オリコン週間チャートで最高十二位を記録した。

二つの曲の違いは、「NAVY BLUE」が本人作曲によるものだったのに対し、「気絶するほど悩ましい」は作詞・作曲ともにほかの作家によるものだった点である。特に詞が歌謡曲を代表する作詞家・阿久悠だったことは、意外な組み合わせとして受け止められた。

前述の経歴からもわかるとおり、Ｃｈａｒは「天才ギタリスト」としてすでにロックの世界では有名な存在だった。彼はいわば、日本のロックの本道をいく存在だった。

一方、阿久悠は、まさに当時の歌謡界の中心にいた。その手掛けるジャンルは幅広く、たとえば石川さゆりの「津軽海峡・冬景色」や八代亜紀の「舟唄」のような演歌のヒット曲も数多く生み出した。それをふまえれば、阿久がＣｈａｒの曲の詞を書いたというのは、大げさではなくセンセーショナルな出来事だった。

また、前にも述べたように、阿久は『スター誕生!』の企画、審査に携わり、アイドルの時代を切り開いた人物でもあった。

アイドル歌手とは、ある意味で〝作られた存在〟である。少なくとも昭和では、その傾向は強かった。その作る側、いわばプロデューサー的存在として中心にいたのも、やはり阿久悠だった。『スター誕生!』出身で爆発的ブームを巻き起こしたピンク・レディーと阿久の関係などは、まさにその典型である。そしてこの点でも、Ｃｈａｒのような独立独歩のロックミュージシャンは対極にあった。

だが「気絶するほど悩ましい」を歌ったとき、Ｃｈａｒは歌謡曲の世界、ひいてはアイドル的ポジションに必然的に身を置くことになった。実際、それまでロックミュージシャンなら出演を拒否していたようなテレビの歌番組に出て歌うＣｈａｒの姿は、そのことを如実に物語っていた。

阿久悠は、「初対面のチャーの生意気さが気に入った」とのちに振り返っている（阿久悠／和田誠『A面B面――作詞・レコード・日本人』〔ちくま文庫〕、筑摩書房、一九九九年、一七〇ページ）。だがＣｈａｒの側には、前節でふれたレイジーとも共通する自らの音楽的志向と歌謡曲路線とのあいだでの葛藤があったにちがいない。そして結局彼は、阿久の作詞曲を何枚かシングルで出したあと、自分のホームであるロックの世界に戻っていった。その揺れは、ロックが大衆化していくちょうど過渡期にＣｈａｒがいた証しだと言えるだろう。

原田真二デビューの衝撃

一九五八年生まれの原田真二のデビューは、華々しくかつ衝撃的なものだった。七七年十月に「てぃーんず ぶるーす」でデビューすると、「キャンディ」「シャドー・ボクサー」といきなり三カ月連続でシングルをリリース。その三曲がオリコン週間チャートのベスト二十位内に同時ランクインするという史上初の快挙を成し遂げた。

彼の所属レコード会社はフォーライフ・レコード。この会社は、一九七五年にフォーク歌手の吉田拓郎、井上陽水、小室等、泉谷しげるが主体になって設立された。当時は歌手、それもフォーク歌手が自らレコード会社を作るというのは革命的なことだった。なぜなら、従来レコード会社は大きな企業の主導で経営されるものであり、歌手はあくまで契約してもらう側だったからである。しかもフォーライフ・レコードは、誰もが認める人気アーティストである拓郎や陽水、そこに大物の小室、泉谷が加わり、設立当初にはすでに既存の大手レコード会社に対抗しうる勢力だったため、そのインパクトは大きかった。フォーライフ・レコードの設立は、芸能史の〝事件〟だった。

しかし、船出はしてみたものの経営は軌道に乗らなかった。とりわけ新しい音楽の波を起こそうとしたにもかかわらず、有望な新人アーティストの発掘はままならなかった。

そこに彗星のように現れたのが、当時広島の高校二年生だった原田真二である。フォーライフ・レコードの新人オーディションに自ら録音したデモテープを送った原田は、その抜群の音楽的才能で吉田拓郎らを驚嘆させる。そして大学進学とともに上京、拓郎のプロデュースのもと「てぃーんずぶるーす」でデビューに至った。同曲は、オリコン週間チャートでベストテン入り。さらにそのあとに発売された初オリジナルアルバム『Feel Happy』は、オリコン週間チャート初登場一位という離れ業をやってのけた。

アイドル路線にフィットした原田真二

デビューからのシングル三曲は、すべて原田真二の作曲によるものである。そのメロディーラインやサウンドは、洋楽にも引けを取らない洗練されたものだった。加えて本人がピアノを弾いて歌ったこともあり、曲調も含めてポール・マッカートニー、ひいてはビートルズを連想させるものがあった。

一方、それらの作詞をすべて担当したのが松本隆である。ロックバンド・はっぴいえんどのメンバーだった松本が一九七〇年代以降は歌謡曲の作詞家に転じ、八〇年代には松田聖子の一連のヒット曲の作詞などで一時代を築いたことはよく知られた話である。つまり、松本隆は阿久悠とも異なり、ロックの世界と歌謡曲の世界の両方をよく知っていた。

その対比をふまえると、ロックがベースで音楽的こだわりが強い原田真二を、歌謡曲・アイドル路線にうまくフィットさせる役割を果たしたのが松本の詞だったと言える。その面では、前節で述べたCharのケースからは一歩進んでいた。

同じことは、プロモーションに関しても当てはまる。原田真二のプロモーションを担当したのは、キャンディーズのマネージャーなどを務めていた大里洋吉だった。当時大里は、渡辺プロダクションから独立してアミューズという芸能プロダクションを設立したばかりだったが、キャンディーズがコンサートでよく洋楽のカバーを披露していたように、彼はアイドル（歌謡曲）とロックを橋渡しするうえで最適の理解者だった。原田真二の成功は、その直後にアミューズ所属でデビューしたサザンオールスターズのプロモーションにも生かされることになる（北中正和『増補 にほんのうた──戦後歌謡曲史』〔平凡社ライブラリー〕、平凡社、二〇〇三年、二一〇─二一一ページ）。

もちろん原田真二の人気は、彼自身の魅力によるところも大きかった。愛くるしい童顔にカーリーヘア、高音だがちょっとハスキーな歌声は、若い女性たちを引き付けるには十分だった。そこにピアノの弾き語りという華麗なイメージも相まって、彼のアイドル的人気はいやがうえにも高まった。

その立ち位置は、ここまでにふれてきた分類で言うと「王子様」的アイドルの系譜に連なるだろう。彼が一九七八年の『NHK紅白歌合戦』で歌った「タイム・トラベル」（一九七八年）は、彼女と一緒に地球を股にかけた時間旅行のツアーに出るというファンタジックな内容で、彼の「王子様」性をうかがわせるものである。

5 世良公則&ツイスト、そして一九八〇年代へ

世良公則&ツイストの歌謡曲的ロック

前節で、原田真二が男性アイドルとしては「王子様」の系譜にあたると述べたが、男性アイドルのもうひとつの系譜であるワイルドな「不良」的雰囲気でファンを魅了したのが、「ロック御三家」の残る一組、世良公則&ツイスト（一九七八年末に「ツイスト」に改名）である。彼らのデビューも、原田真二に劣らず華々しいものだった。

一九七七年十一月発売の「あんたのバラード」が、彼らのデビュー曲である。これがいきなりオリコン週間チャートでベストテンに入り、世良公則&ツイストは一躍注目の存在になった。

同曲は世良公則の作詞・作曲で、ヤマハポピュラーソングコンテスト、通称ポプコンでグランプリを獲得した楽曲である。

一九六〇年代の終わりに始まったポプコンは、七〇年代になるとアマチュアミュージシャンの登竜門として名を馳せるようになった。七三年にグランプリを獲得した小坂明子の「あなた」のミリオンセラーヒットがあり、その後も中島みゆきの「時代」（一九七五年グランプリ）など多くのヒット曲、新人アーティストを生んだ。学生時代最後の思い出として出場した世良公則&ツイストも、そんな一組だった（読売新聞社文化部『この歌　この歌手――運命のドラマ120』下〔現代教養文庫〕、社会思想社、一九九七年、五〇―五一ページ）。

このポプコンもまた、歌謡曲とそれ以外の新しいジャンルの音楽との橋渡しに貢献したと言える。フォーク、ロック、そしてニューミュージックなどの新しい音楽と既存の歌謡曲のあいだにあった壁を壊していく役割を、ポプコン出身者たちは担った。それは、中島みゆきが桜田淳子に「しあわせ芝居」（一九七七年）でそうしたように楽曲提供というかたちをとることもあれば、自らテレビの歌謡番組に出演するというかたちをとることもあった。

世良公則&ツイストは、後者の代表格であった。「あんたのバラード」（一九七七年）の曲調には「酔いどれ男と泣き虫女」というフレーズが出てくるように、ブルースをベースにしながらどこか歌謡曲的、さらに言うなら泥臭い演歌的なものがあった。またそれを歌い上げる世良公則の「ドスの利いた」とも形容できる迫力あるボーカルが、いっそうそう思わせた。武道の型のような独特のアクションにもテレビ向きの見栄えのよさがあった。

その意味では、彼らから漂う「不良」性もちょうどいい具合に中和されていた。むろんファンの中心は若い女性たちだったが、彼らにはより広い世代にも受け入れられる素地があった。その点、西城秀樹などに通じるものがあった。

CMタイアップソングの時代――「燃えろいい女」

それもあってか、ヒット曲という点では世良公則&ツイストが「ロック御三家」のなかで最も目立っていた。三枚目のシングル「銃爪《ひきがね》」（一九七八年）は、オリコン週間チャート一位になっただけでなく、人気の音楽ランキング番組『ザ・ベストテン』（TBS系、一九七八―八九年）で十週連続一位を記録し、番組の年間一位にも輝いた。

そうした彼らの大衆性をもうひとつ象徴するのが、CM（コマーシャル）のイメージソングである。世良公則は、大学で広告専攻でもあった。

このころ、ヒット曲を生み出す手段としてCMとのタイアップが注目されるようになる。古くからのCMソングが商品名を連呼するようなものだとすれば、この時期歌われるようになったのは、商品に直接言及せずにそのイメージを高めるような楽曲だった。そのため、歌手はその楽曲を独立した自分の持ち歌として歌うこともできた。たとえば、JALのアメリカ旅行キャンペーンのCMに使われてヒットしたサーカスの「アメリカン・フィーリング」(一九七九年)などがそうである。

ツイストの五枚目のシングル「燃えろいい女」(一九七九年)も、資生堂のサマーキャンペーン「ナツコの夏」のCMに流れた。歌のサビでシャウトする「燃えろ いい女 燃えろ ナツコ」という部分はキャンペーンのワードを取り込んだ詞になっているが、楽曲そのものはCMを知らなくとも成立する。まさに典型的なCMのイメージソングだった。この曲もかなりのヒットを記録し、ツイストの代表曲になった。ロックミュージシャンが歌謡番組に出ることにまだ驚いていた時代に、CMとのタイアップソングをツイストが歌ったことは、ロックがさらに大衆化したことを物語る出来事だった。

「ロック御三家」のアイドル史的意義

ここまで、「ロック御三家」を通して一九七〇年代後半の男性アーティストのアイドル化の様子をたどってきた。

ただ、そこにはやはり根本的に解消困難な問題もあった。それは、特にこの時代のアイドルが、前節もふれたように〝作られた存在〟だったことと関わっている。

アイドルの魅力は未熟ながらも努力して成長するプロセスにあると、ここまでずっと述べてきた。

ただ少なくとも一九七〇年代の時点では、その魅力はアイドルが受け身の存在であるという前提によって成り立つ部分が大きかった。歌であれ振り付けであれ、その道のプロから与えられた課題をクリアするために努力を重ねるところに成長のプロセスは生まれる。本人の意思が必要以上に抑え込まれてしまう危険性はあるものの、その構図こそが成長の価値を高め、アイドルという存在を魅力的に見せる基盤にもなっていた。

それに対し、ロックはもともと主体的な自己表現がコアにある音楽である。反体制文化にルーツをもつことを思い出すまでもなく、ロックミュージシャンは、アーティストとして自分たちで作った楽曲を歌い演奏することで自己の存在や考えを主張する。それが基本的なスタンスである。「ロック御三家」のアイドル時代も、はたして長くはなかった。結局彼らはアイドル的立ち位置を甘んじて受け入れることはなく、自己表現を突き詰める道を選んだ。

Ｃｈａｒは、前節もふれたようにギタリストとしての活動に戻っていった。また原田真二は、メッセージ性が強い自作曲を中心にした活動に足場を移していった。そして一九八一年にツイストを解散した世良公則は、ロックシンガーとしてソロ活動を続けながら『太陽にほえろ！』への出演など俳優業へと表現の場を広げていった。

そのスタンスは、それ以前からロックと歌謡曲の中間にいた沢田研二や西城秀樹とは対照的な面もある。沢田や西城は、音楽性やスピリットの点ではロック的ではあったが、基本的に自作曲ではなく他人が作った楽曲を歌い続けた。その点では歌謡曲的、アイドル的である。むろん逆に言えば、そのようにして彼らが先に切り開いた道があったからこそ「ロック御三家」のブレークはあった。

また、より大きな視点からみれば、「アーティストかアイドルか」という問題はずっと男性アイドルの歴史につきまとうものでもある。それは、「ロック御三家」に限らずジャニーズや近年日本での人気も高いＫ―ＰＯＰのグループにも当てはまる。そのあたりは、このあとでまたふれる機会があるだろう。

第4章　ジャニーズの復活とロックアイドルの人気
——一九八〇年代の全盛期

本章では、一九八〇年代の男性アイドルへと話を進めていきたい。特に八〇年代前半は、男女問わず人気アイドル歌手が数多く生まれた「アイドル全盛期」でもある。そのなかの代表的男性アイドルとして、まずたのきんトリオについて振り返ったうえで、チェッカーズや吉川晃司といったロックアイドル、さらにほかのジャニーズアイドルへと話を進めたい。

1　たのきんトリオの誕生——ジャニーズの復活

JJSと川崎麻世——一九七〇年代後半のジャニーズ歌手

前に少しふれたように、一九七〇年代後半のジャニーズは苦戦を強いられていた。やはり大きかったのは郷ひろみの事務所移籍である。そこにフォーリーブスの解散も重なった。ただしその時期にも、ジャニーズの歴史を語るうえで重要なタレントはいた。一九七五年には、JOHNNYS' ジュニア・スペシャル（JJS）がレコードデビューしている。メンバーだった板野俊雄、林正明、畠山昌久の三人は、もともとは九人で構成された「ジャニーズジュニア一期生」のメンバーだった。それが三人グループと六人グループに分かれ、何度かメンバーの出入りがあったあとにデビューしたのが三人グループのJJSだった（残る六人は事務所を移籍、メッツというグループでデビューする）。

JJSのデビュー曲は「ベルサイユのばら」（一九七五年）。当時、池田理代子の同名漫画が宝塚歌劇で舞台化されてブームになっていた。それをモチーフにした楽曲である。「美しく咲いた ばらは 燃えて散る 青きドナウに」というミュージカル調の歌い出しで、ちょっと無国籍感、GSの香りもある。衣装にはバラが刺繍してあり、バラの花を一輪持って歌う演出もあった。

ジャニーズ事務所創設にあたってジャニー喜多川が「男版宝塚」を目指した一面があったことは前にも述べた。また少女漫画の世界をベースにしている点は、まさに「王子様」的でもある。いわばJJSのこの路線は、ジャニーズの本流と言えるようなものだった。

ただ、「新御三家」のところでもふれたように、この時代になるとアイドルはテレビにフィットすることを求められた。その点、ミュージカル路線をうまくテレビの世界に落とし込むのは容易ではない。その後、JJSは子ども向け番組に出演したり、ベイ・シティ・ローラーズの「サタデー・ナイト」のカバーをしたりした。そんなところに、試行錯誤の跡がうかがえる。

一方、この時期のジャニーズを代表するソロ歌手が川崎麻世である。一九七七年に「ラブ・ショック」でデビュー。大きなヒット曲には恵まれなかったが、ブロマイドの月間売り上げトップ回数が七〇年代全体で郷ひろみを上回って三位に入る（マルベル堂編著『マルベル堂のプロマイド』ネスコ、一九九八年、九一ページ）など、抜群のルックスとスタイル（股下の長さが話題になった）は際立っていた。

また彼は、多芸で器用でもあった。注目のきっかけはテレビ番組で西城秀樹の物まねが評判になったことであり、デビュー後もバラエティによく出演していた。榊原郁恵主演『ナッキーはつむじ風』（TBS系、一九七八―八〇年）の相手役などドラマでも活躍。さらには、スケートボードなどスポーツのイメージもあった。そのあたりは、のちの光GENJI、そしてSMAPにも通じるものがある。

井上純一という俳優ジャニーズ

ただ、以前にも述べたように、当時はちょうど「ロック御三家」、つまり「不良」のテイストがある存在に大きな注目が集まっていた時期。その点、ジャニーズ的な「王子様」路線は分が悪かったと言える。

そうしたなか、歌の世界ではなく演技の世界で頭角を現したのが、井上純一だった。井上は、最初から俳優専業だったわけではない。ジャニーズジュニアとして活動し、当初は郷ひろみの後継者として期待され、一九七五年には「恋人ならば」でレコードデビューを果たしている。

だがほぼ同時に始めた俳優業のほうで、彼は有名になっていく。映画やNHK朝の連続テレビ小説『雲のじゅうたん』（一九七六年）への出演などもあったが、なんと言ってもその存在を世に知らしめたのは、学園ドラマでの生徒役だった。

井上純一のデビューは、ちょうど中村雅俊が一世を風靡したころである。『青春ド真中！』（一九七八年五月放送開始）、『ゆうひが丘の総理大臣』（一九七八年十月放送開始）（いずれも日本テレビ系）と井上は中村主演の学園ドラマに連続して出演し、生徒役としてブレークした。

いずれの作品でも、彼が演じたのは不良生徒役である。ただ、従来の学園ドラマにありがちなステレオタイプの不良ではなく、より掘り下げられたキャラクターとして造形されていた。たとえば、『青春ド真中！』で井上純一が演じた有沢健太は、両親が離婚し姉と二人暮らし。表向きは不良のように振る舞っているけれども、以前は優等生だった。試験もわざと間違えて悪い点を取ることで、不良という衣をまとっている。そんな心に屈折を抱えた生徒として描かれている。つまり、いわゆる「ワル」ではない。一見明るく元気だが、実は繊細で寂しさを抱えている。そんな役柄は、井上純一本人が醸し出す雰囲気にも合っていた。

その後も井上は『あさひが丘の大統領』（日本テレビ系、一九七九―八〇年）に出演するなど、学園ドラマに欠かせない俳優になっていく。しかしながら、そこで一気にジャニーズ自体の勢いが復活、とはいかなかった。やはりそこでは主人公はあくまで中村雅俊らが演じる教師であり、生徒ではなかった。日本テレビが一九六〇年代以来営々と築いてきた学園ドラマの伝統的フォーマットが継承されていた。

とはいえ、井上純一の不良役の造形が物語るように、この時期の学園ドラマは従来のシンプルな楽天主義とは一線を画し始めていた。第3章でも取り上げた『俺たちの旅』にすでにその兆しはあったが、高度経済成長の熱気も去った当時の世の中を反映するように、学園ドラマも十代のリアルな心情や悩みに照準しつつあった。

要するに一九七〇年代後半、学園ドラマは大きな過渡期にさしかかっていた。しかしそのために、そのなかで人気を博した井上純一もまた、アイドルとして過渡期的な存在であらざるをえなかった。

たのきんトリオ――アイドルを生んだ『金八先生』

そのような状況のなかで一九七九年十月に始まったのが、『3年B組金八先生』(TBS系。以下、『金八先生』と表記)の第一シリーズである。

主演はフォークグループ・海援隊の武田鉄矢。彼が演じる教師・坂本金八が、自分が受け持つ桜中学三年B組に次々と巻き起こる問題に取り組む姿を描いた作品である。海援隊による主題歌「贈る言葉」も大ヒット。武田が大学の教育学部に通っていたこともあり、劇中の授業シーンがひとつの見どころだった。

このドラマは、先ほどふれた学園ドラマの新たなリアリズム志向を徹底させた点で画期的なものだった。教育現場の実情をふまえた小山内美江子らの脚本は、思春期を迎えた中学三年生が抱える多様な悩みをきめ細かく描いていた。受験、親や友人との関係、恋愛の悩みはもちろん、非行や性の問題を正面から取り上げ、生徒のひとりである浅井雪乃(杉田かおる)の妊娠・出産を扱った「十五歳の母」の回などは社会の大きな反響を呼んだ。視聴率も右肩上がりになって、最終回は三九・九パーセントという驚異的な数字を記録した。

この作品に三年B組の生徒役として出演して人気が沸騰したのがジャニーズ事務所所属の三人、田原俊彦、近藤真彦、野村義男だった。彼らはこの出演をきっかけに、いくつか呼び名はあったものの、最終的にそれぞれの苗字の最初の一字をつなげて「たのきんトリオ」と呼ばれるようになる。

ここでひとつ素朴な疑問がわく。それは、ドラマのシリアスな雰囲気とアイドルという存在とのギャップである。それまでにないリアリズムを追求した学園ドラマだった『金八先生』から、なぜ時代を代表するようなアイドルが生まれたのか。そこには、『金八先生』での生徒の新しい描き方がある。それまでの学園ドラマの生徒役は、メインとその他大勢に分かれているのが常だった。毎回物語に絡んでくるのはメインの生徒たちであり、その露出の多さから人気者も生まれる仕組みだった。井上純一なども、もちろんそうである。

ところが、『金八先生』は違っていた。たとえば第一話では、三年B組の生徒の家出騒動が起こる。その生徒は、「特徴がない」と言われるような存在である。従来の学園ドラマであれば、初回は同じ展開になったとしても、メインになるような生徒の話になっただろう。だがこの作品はそうではなかった。

このように、『金八先生』にはあまり目立たない生徒も含めてそれぞれがメインになる回やストーリーがあった。それは、リアルな十五歳が抱く多様な悩みを描こうとしたこのドラマにとって、必然的なことでもあった。そしてそれら一人ひとりの生徒のストーリーが絡み合うことで、クラスという集団のリアリティも生まれる、そういうドラマになっていた。そこに、『金八先生』とアイドルという存在が共鳴する部分もあった。

繰り返すように、アイドルとは未完成な存在、だがそのために努力して成長する存在であり、ファンはその姿を応援する。『金八先生』が描いたのも、それぞれの悩みに逃げずに向き合うことで成長していく生徒たちだった。同世代を中心に多くの視聴者もそこに自分を投影し、共感した。つまりそこには、アイドルとファンの関係と同じ構図があった。

たのきんトリオが誕生したのは、そのような空間からだった。したがって、それまでのジャニーズの「王子様」的アイドルとは異なり、彼らはファンにとってより身近に感じる存在だった。そのシフトチェンジが成功し、ジャニーズは完全に息を吹き返した。三人がメインのバラエティ番組『たのきん全力投球!』(TBS系、一九八〇―八三年)がゴールデンタイムで人気番組になり、さらに三人がそれぞれ主演する映画の公開、後楽園球場などでのスタジアムコンサートの開催など、その勢いはとどまるところを知らなかった。

そしてそれと並行して、三人はそれぞれ歌手デビューする。次節と次々節では、そのあたりについて詳しくみていくことにしたい。

2 田原俊彦と近藤真彦――それぞれの軌跡と魅力

田原俊彦のギャップの魅力

トシちゃんこと田原俊彦は、一九六一年生まれ。ジャニーズ事務所に入ったのは高校一年生のときである。山梨から通いながらレッスンを続け、本格的に芸能活動を始めたのは高校を卒業してからだった。ジャニーズJr.時代には川崎麻世のバックで踊ったこともあった。

そうしたなか出演することになったのが、『金八先生』である。中学生役だったが、一九七九年十月の放送開始時にはすでに十八歳だった。年齢だけが理由ではないだろうが、彼にはほかの生徒役と比べてもずいぶん大人びた雰囲気があった。

劇中の役柄自体もそうだった。彼が演じた沢村正治は、音楽の悦子先生（名取裕子）にひそかな恋心を抱く。また正治には両親がいない。姉が親代わりになって彼の面倒をみている。この設定は、前節でふれた『青春ド真中！』で井上純一が演じた有沢健太に似ている。キャラクターとしても、一見不良っぽく大人びていながら、ふとしたときに見せる寂しげな表情、少年らしい純粋さがのぞく感じ、そのギャップの魅力が共通していた。

井上純一が歌手デビュー当時には、郷ひろみの後継者と目されていたことは述べた。同じように、田原俊彦もジャニーズの歴史で言えば、郷ひろみの系譜に連なるだろう。彼の歌手デビュー曲のタイトルは、洋楽をカバーした「哀愁でいと（NEW YORK CITY NIGHTS）」（一九八〇年）。アップテンポの曲ではあるが、少し大人びた恋愛を歌った歌詞にはタイトルどおり哀愁が漂う。そこにはやはり、郷ひろみのジャニーズ時代の代表曲「よろしく哀愁」を連想させるものがある。

この「哀愁でいと」は、オリコン週間チャートで最高二位、音楽ランキング番組『ザ・ベストテン』でも三週連続の一位を獲得するなど、大ヒットを記録。たのきんトリオの三人が生徒役で出演した学園ドラマ『ただいま放課後』(フジテレビ系、一九八〇―八一年)の挿入歌でもあった。初出場した一九八〇年の『NHK紅白歌合戦』でも歌ったが、その際には近藤真彦と野村義男が応援に駆け付け、田原の歌のときにはバックで踊る場面もあった。

続く二曲目のシングル「ハッとして!Good」(一九八〇年)は高原やテニスコートでの彼女との幸せな時間を歌った明るく軽快なラブソングで、ジャニーズとして初となる日本レコード大賞最優秀新人賞を受賞した。この曲が流れるチョコレートのCMで、同期デビューの松田聖子と共演したことも話題になった。

歌手デビューしてからの田原俊彦にも、この二曲の曲調の違いに表れているようにギャップの魅力があった。当時よくまねされたように「アハハハ」と天衣無縫な笑顔を見せるかと思えば、一転して物思いにふけるような表情を見せる。その能天気さと陰りの振り幅に、多くのファンが魅了された。そこにも、一九七〇年代の郷ひろみに通じるものがあるだろう。田原俊彦もギャップの魅力を生かして、歌だけでなくドラマ、バラエティなど幅広く活躍した。郷ひろみと同様に、ジャニーズのテレビにうまく適応した「王子様」の系譜に田原俊彦はいる。

田原俊彦が変えた歴史――「寝たい男」になったジャニーズ

ただ、前節でもふれたようにリアルさを特徴とする学園ドラマ『金八先生』から出発した田原俊彦のほうが、郷ひろみよりもファンにとってより近い距離感を感じさせた。そしてそのため彼は、ジャニーズの歴史を大きく変えることになる。

女性誌「an・an」（マガジンハウス）の企画で毎年発表される「好きな男」ランキングで、一九八七年のアンケートの結果、田原俊彦が一位になったのである。同誌の主な読者層が二十代から三十代の働く女性だったことを考えると、これは画期的なことだった。実際、八五年の一位が山崎努、そして八六年の一位が岩城滉一だったのをみれば、その劇的な変化は明らかだろう。それまでトップを渋い年上の俳優が占めていたのが、いきなりジャニーズアイドルになったのである（矢崎葉子『ジャニーズコンプレックス』〔扶桑社文庫〕、扶桑社、一九九四年、二七―二九ページ）。

そこには、ファンの側の変化もあった。以前にも述べたが、一九七〇年代のアイドルはずっと少年でいるのではなくいつか大人になることを前提にしていた。むろんファンも同じである。アイドルとは十代の思春期にだけ夢中になる一過性の存在であり、その時期が過ぎれば自然と卒業するものだった。

ところが、一九八〇年代になるとその〝常識〟が崩れ始めた。アイドルはファンにとって一過性のものではなく、たとえ年齢を重ねて二十代三十代になったとしても、自分の気持ちが変わらないかぎりずっと好きで応援していいものになっていく。おそらく徐々に進んでいたそんな水面下での変化がはっきり目に見えるようになった瞬間、それが田原俊彦の「好きな男」一位だった。八七年の件のアンケートは、実は質問としては「寝たい男」を尋ねるものだった。そのことが物語るように、ジャニーズは「王子様」的な憧れの要素を残しながら、より現実的な恋愛対象にもなっていた。

彼の代名詞にもなったキレが鋭いダンスは、エンターテイナーとしてのスキルを磨くためのものであると同時に、そうしたリアルな「王子様」としての魅力をより際立たせてくれるものでもあった。

教師・徳川龍之介役で主演して人気を博したドラマ『教師びんびん物語』（フジテレビ系、一九八八年）の主題歌としてヒットした「抱きしめてTONIGHT」（一九八八年）は、楽曲のよさも相まって、そんな田原のダンスの魅力全開というべき一曲だった。この曲は、オリコン週間チャート三位、そして『ザ・ベストテン』では年間一位を記録するなど彼の代表曲になった。同じ一九八八年の「好きな男」ランキングでも、田原俊彦は一位をキープしている。またその年の同ランキングでは、同じくジャニーズの東山紀之が二位に躍進。彼が所属する少年隊もまた、抜群のダンスで「仮面舞踏会」（一九八五年）などヒット曲を連発した。田原俊彦に限らずジャニーズにとって、ダンスは女性たちにストイックさ、さらにはカッコよさを感じさせる要素になっていた。

「ツッパリ」全盛期に登場した近藤真彦

たのきんトリオのうち、田原俊彦に次いでレコードデビューしたのがマッチこと近藤真彦である。一九六四年、神奈川県生まれ。ジャニーズ事務所に入ったのは中学一年生のとき。『金八先生』出演時には、役柄と同じく中学三年生だった。

『金八先生』で近藤真彦が演じたのは、星野清。役柄としては不良タイプの生徒だった。第七話では、クラスメートとともに突然学ラン（長ラン）を着て登校し、金八をはじめ周囲を慌てさせる。ただ、典型的な不良というよりは、不良ぶりながらもどこか素直でちゃめっ気があるガキ大将というほうが正しいようなキャラクターだった。ちょうどこのころ、不良を表す言葉として「ツッパリ」という表現が広まった。リーゼントにサングラス、裾が長い学ランが、そのトレードマークだった。星野清は、そのツッパリに憧れた若者のひとりだったと言える。

　そしてこのころ、アイドルの世界でもツッパリが台頭した。一九八〇年、四人組のロックンロールバンド横浜銀蝿（正式名称は「THE CRAZY RIDER 横浜銀蝿 ROLLING SPECIAL」）が「横須賀Baby」でデビュー。二曲目の「ツッパリ High School Rock'n Roll（登校編）」（一九八一年）が大ヒットし、ブレークした。

　この曲は、リーゼントにヨーラン（学ランの一種）、ドカン（裾とワタリの幅が同じ太めのズボン）というファッションに身を固めた典型的なツッパリたちがトイレでタバコをふかし、タイマン（一対一のけんか）に明け暮れる日常を歌ったものである。それを歌の世界からそのまま出てきたような横浜銀蝿が歌って演奏するところに、リアリティがあった。さらに横浜銀蝿の弟分「銀蝿一家」として嶋大輔や紅麗威甦《グリース》（現在俳優の杉本哲太が所属していたグループ）もデビューし、ツッパリ系アイドルは勢力を広げていった。

　近藤真彦のデビュー曲「スニーカーぶる〜す」の発売は一九八〇年十二月。まさに横浜銀蝿が人気だったのと同じ時期だった。同曲は、オリコン週間チャートで初登場一位を記録。いまでこそ珍しくないが、デビュー曲での初登場一位はオリコン史上初のことだった。またミリオンセラーにもなり、こちらはジャニーズ史上初の快挙だった。さらに「ギンギラギンにさりげなく」（一九八一年）で日本レコード大賞最優秀新人賞を獲得、『ＮＨＫ紅白歌合戦』にも初出場した。

　これらの曲を聴いてもわかるように、がむしゃらにパワーをぶつけるような彼独特の歌唱法にはやはりツッパリ的な部分が感じられた。「ツッパリ」とは突っ張る、すなわちいきがることや虚勢を張ることからきているが、見た目はツッパリファッションではなくとも、歌を含めた存在の主張の強さがほかのアイドルにはない近藤真彦の持ち味になっていた。

実際、同名漫画を原作にした一九八二年公開の主演映画『ハイティーン・ブギ』(監督：舛田利雄)で、彼はツッパリ役を演じている。当時たのきんトリオをメインに製作された「たのきんスーパーヒットシリーズ」の第四弾で、同名主題歌もヒットした。

近藤真彦がここで演じたのは、暴走族のリーダーである藤丸翔。だが翔は桃子(武田久美子)と出会い、暴走族をやめて人生をやり直そうとする。同棲を始める二人。しかし暴走族の元仲間たちは気に入らない。そこに翔のことが好きだった女性の嫉妬も絡み、二人の身に次々と困難が降りかかる。実は翔は裕福な家庭の子弟で、親は二人の交際を認めてくれない。さらに桃子が暴走族仲間に暴行されて妊娠してしまうという出来事が起こる。だがそれでも翔は、二人で生きていくことを選ぶ。

「不良」から「やんちゃ」へ——近藤真彦が体現したもの

つまりこの映画のテーマは、過酷な試練にさらされても貫かれる純愛である。ツッパリと言っても単に虚勢を張っているのではなく、そこに一本筋が通っている。『ハイティーン・ブギ』は「たのきんスーパーヒットシリーズ」全体のなかでもトップの興行収入を記録した。たのきんトリオの人気があってのこととはいえ(この作品にも田原と野村が親友役で出演)、近藤真彦の魅力がうまく表現された作品でもあった。それは、「やんちゃ」の魅力と言ってもいいだろう。いたずら盛りでときに生意気でもあるが、一本気でどこか憎めない。「愛すべき悪ガキ」感とでも言うべきか。そしてそんなマッチは、年上からかわいがられることにもなった。

その魅力は、歌番組のフリートークやバラエティ番組でも発揮された。『ザ・ベストテン』では司会の黒柳徹子と親子のようなフランクな絡みを見せ、NHKのバラエティ番組『ばらえてぃテレビファソラシド』（一九七九―八二年）では永六輔やNHKのベテランアナウンサー加賀美幸子を相手に物おじしない振る舞いで話題になるなど、随所に「やんちゃ」な個性は発揮された。

本業の歌手では、先ほどもふれたパワフルな歌唱を生かし、次第にロック色が強いパフォーマンスになっていった。『ハイティーン・ブギ』でも翔がロックバンドとして成功を収めるストーリー展開があるのだが、それに重なるところもある。田原俊彦がバックダンサーを従えて華やかに歌い踊ったとすれば、近藤真彦はロックバンドを従えてシャウトする。それが二人の個性のコントラストでもあった。その意味では、田原の郷ひろみに対し、近藤は同じ「新御三家」でも西城秀樹に近いと言える。やはり男性アイドルの「不良」の系譜である。本人にとってもジャニーズ事務所にとっても初となった日本レコード大賞の受賞曲「愚か者」（一九八七年）が萩原健一との競作だったのも、その意味でうなずける。

ただ繰り返しになるが、近藤真彦の場合は純粋な「不良」というよりは「やんちゃ」と言ったほうがしっくりくる。確かに年齢を重ねるとともに落ち着きを増したが、ベースの部分は変わらなかったように思える。その点、田原俊彦がファンにとって身近な「王子様」だったように、近藤真彦も身近な「不良」だった。そのあたりは、同じロック路線のアイドルだった吉川晃司（一九八四年に「モニカ」でデビュー）と比べても明白だろう。吉川が最終的に本格的なロックミュージシャンの道を選んだのに対し、近藤真彦はあくまでジャニーズアイドルとしての道を進んだ。

次節では、たのきんトリオで最後の歌手デビューになった野村義男についてふれる。そのうえで、たのきんトリオがジャニーズ、そして男性アイドルの歴史のなかで果たした役割を考えてみたい。

3　野村義男、たのきんトリオのジャニーズ史的意義

バンドデビューを選んだ野村義男

ヨッちゃんこと野村義男は近藤真彦と同じ一九六四年生まれで、東京都出身。以前テレビ番組で本人が語っていたが、十二歳のときに代々木公園でゴーカートに乗って遊んでいたところ、川崎麻世らを連れたジャニー喜多川と偶然に出会い、スカウトされた。その後、Jr.としての活動を経て七九年に『金八先生』に出演することになる。

そこで彼が演じたのは、三年B組の生徒・梶浦裕二。銭湯の息子という設定だった。第三話はこの裕二がメインの回である。裕二は、実家の銭湯に通ってくる女子高生を好きになってしまい、朝その姿をひと目見ようとして毎日遅刻してしまう。それを知った金八は、『万葉集』を引きながら「愛」についての授業をする。

この話からもわかるように、裕二はいかにも中学生らしい純朴な面をもつ生徒として描かれている。下町にある銭湯の息子という設定で、庶民性が強調されていた。ちょっとたれ目の容姿が魅力の野村義男が醸し出す柔和な雰囲気は、そのようなイメージともぴったりだった。

そんな田原俊彦とも近藤真彦とも異なる個性の彼に、周囲は当然早く歌手デビューすることを期待した。だが結局、近藤真彦の歌手デビューから二年以上の間が空くことになった。

野村義男は音楽に興味がなかったわけではない。むしろ逆である。小学生のころからギターを弾いていた彼は、中学生になると「ロック御三家」のひとりであるＣｈａｒの音楽にふれ、エレキギターの魅力にとりつかれる。そんなギターとの付き合いは、たのきんトリオになってもずっと続いていた。いつもギターを手元から離さずにいる彼の姿を覚えているひともいるだろう。したがって、ソロでアルバムを一枚出したあと、野村義男がロックバンドとしてデビューすることを選んだのはある意味必然であった。

そのロックバンドが、野村、曾我泰久、加賀八郎、衛藤浩一の四人からなるTHE GOOD-BYEである。デビュー曲「気まぐれONE WAY BOY」（一九八三年）は、オリコン週間チャートで九位を記録。さらにこの曲で一九八三年の日本レコード大賞最優秀新人賞を受賞し、これによってたのきんトリオは全員同賞に輝くことになった。

その後もTHE GOOD-BYEは野村義男と曾我泰久のツインボーカルを中心に、自作曲「ＹＯＵ惑－ＭＡＹ惑」（一九八四年）をヒットさせるなど順調に活動を続けた。バンドとしても熟成され、その音楽的クオリティも上がっていった。

だがレコード売り上げなど数字面になると、田原俊彦や近藤真彦と肩を並べるには至らなかった。『ザ・ベストテン』の急上昇曲を紹介する「スポットライト」のコーナーに「気まぐれ ONE WAY BOY」で THE GOOD-BYE が出演した際、その日出演していた近藤真彦が「最初で最後の出演」とちゃかして、結局そのとおりになってしまったというエピソードは有名だろう。

野村義男がジャニーズにもたらしたもの

しかし、一世を風靡したたのきんトリオのひとりである野村義男がロックバンドという道を選んだことは、ジャニーズにとってあとあと大きな意味があった。

一九七〇年代後半にレイジーや「ロック御三家」などロックアイドルのブームがあったことは、前にふれた。THE GOOD-BYE も一見それに近い。しかし、ミュージシャンがアイドルになったのではなく、アイドルがミュージシャンになったという点ではこれまでとベクトルが逆である。

そもそもジャニーズの歴史において、バンドでデビューするケースがそれまでなかったわけではない。ただ、ほかのジャニーズ所属タレントのバックバンドを兼ねるようなケースも多く、ジャニーズのなかでバンドというスタイルは、かろうじて命脈を保っていたと言える（矢﨑葉子『ジャニーズ輪廻論』太田出版、一九九六年、八九ページ）。

その意味で、THE GOOD-BYE のデビュー、そして活躍は画期的なことだった。それをきっかけに、ジャニーズ伝統の歌って踊るグループとは異なるバンド形態のグループが人気を得る土台ができたからである。

一九八五年には、ジャニーズJr.のメンバーによってバンド形態のグループ男闘呼組が結成された。その後メンバーの入れ替わりがあったものの、最終的に成田昭次、高橋一也（現・高橋和也）、岡本健一、前田耕陽の四人に落ち着く。彼らはそれぞれドラマやバラエティ番組に出演して知名度を上げたあと、一九八八年に「DAYBREAK」でレコードデビュー。これがいきなりオリコン週間チャート一位を獲得するなど大ヒット、レコード大賞最優秀新人賞を受賞し、『NHK紅白歌合戦』初出場も果たした。その後も、「TIME ZONE」（一九八九年）などデビューから連続四曲がオリコン週間チャートで一位となる快挙を達成する。

当時、男闘呼組は光GENJI、少年忍者（のちの忍者）とともに「少年御三家」と呼ばれ、一九八八年には三組合同の武道館コンサートを開催している。ここで男闘呼組がそのころ爆発的人気を誇った光GENJIと並ぶような存在だったことは、THE GOOD-BYEがまいた種が着実に芽を吹いた証しでもあるだろう。そしてその流れはさらに、九四年にメジャーデビューするTOKIOへと受け継がれていく。

たのきんトリオが発見させた「普通の男の子」の魅力

ここまで本章では、たのきんトリオの誕生から三人個々の活躍をみてきた。ここであらためて、たのきんトリオという存在がジャニーズの歴史、ひいては男性アイドルの歴史でどのような意味をもったのか、少し考えてみたい。

これまで、男性アイドルの系譜として「王子様」と「不良」の二つがあると繰り返し述べてきた。

だがたのきんトリオは、そのどちらも個性として含みうるような「普通の男の子」という新たな道が生まれる第一歩になった。

確かに田原俊彦は「王子様」、そして近藤真彦は「不良」の系譜にそれぞれ属するだろう。しかし前節でもふれたとおり、田原俊彦が「寝たい男」として現実的な恋愛対象になり、近藤真彦が憎めない「やんちゃ」さで愛されたように、二人は私たちにとってより身近な存在になった「王子様」であり「不良」であった。その意味で、ともにベースの部分では「普通の男の子」だった。

その点に関して、やはり『金八先生』のような新しいタイプの学園ドラマの存在は大きかった。さまざまな悩みをもつ中学生の等身大の姿がリアルなドラマのなかで説得的に描かれることで、「普通の男の子」の魅力を私たち視聴者は発見することになった。そしてそこに、たのきんの三人はいた。

実際、このフォーマットの優秀さは、この路線の学園ドラマから沖田浩之やひかる一平（ともに『金八先生』第二シリーズ）、シブがき隊（『2年B組仙八先生』TBS系、一九八一―八二年）など、ジャニーズに限らずアイドルが続々と生まれたことでも明らかだろう。視聴者は、歌手としてデビューする前から彼らのことをよく知っているかのような気持ちになっていた。

そこに、ジャニーズJr.の仕組みと似た構造を見て取ることもできるはずだ。ジャニーズJr.もまたデビュー前からステージに立つことで、ファンからいち早く発見される機会を得る。そう考えるなら、ジャニーズには『金八先生』のような新しいタイプの学園ドラマを最大限に活用できる素地がすでにあったと言える。そしてその点に、一九八〇年代以降の男性アイドルがジャニーズによる独占状態のようになっていった一因を求めることもできるだろう。

ただ、たのきんトリオ以降デビューするジャニーズアイドルが、すべて一様に「普通の男の子」だったわけではなかった。少年隊や光GENJIなどは伝統的な「王子様」の系譜と言ったほうがおそらく正確だろうし、男闘呼組は「不良」アイドルの正統的流れを汲んでいた。

そこにはひとつ、テレビとの関係の密接さの違いがある。確かに一九八〇年代以降に登場したジャニーズアイドルは、音楽番組以外にドラマやバラエティに出演することが当たり前になってはいた。しかし、たのきんトリオのようにそもそもテレビ番組（この場合はドラマ）を直接のルーツにしていたわけではなかった。

その意味で、「普通の男の子」の系譜の本格的な開花は、一九九〇年代にSMAPがテレビバラエティへの進出をきっかけに大きくブレークするまで待たなければならなかった。それについては、のちほどあらためてみていくことにして、その前に次節では、八〇年代のロックアイドル、特にその中心的存在だったチェッカーズと吉川晃司に注目してみたい。

4　チェッカーズと吉川晃司──一九八〇年代ロックアイドルの軌跡

「涙のリクエスト」の〝時代を超えた郷愁〟

福岡県久留米市といえば、松田聖子の出身地として知られる。松田聖子のデビューは一九八〇年。

その三年あまりあとの八三年九月にデビューしたのが、同じ久留米市出身の七人組バンド、チェッカーズだった。六二年から六四年生まれの彼らは、アマチュア時代にヤマハ主催のライトミュージックコンテスト九州大会のジュニア部門でグランプリを獲得するなどして注目され、やがて上京するに至る（チェッカーズ『もっと！チェッカーズ』扶桑社、一九八四年、六三―六四ページ）。

デビュー曲は「ギザギザハートの子守唄」。「ちっちゃな頃から悪ガキで 十五で不良と呼ばれたよ」という出だしからもわかるように、当時のトレンドだった横浜銀蝿を思わせるツッパリ的不良性をモチーフにしたもの。アレンジとしてはポップスではあるものの、七五調の歌詞など伝統的な歌謡曲のテイストを色濃く感じさせる楽曲だった。

デビュー前、久留米でドゥーワップなどアメリカンポップスの影響を受けた音楽を演奏していたチェッカーズのメンバーにとって、それは違和感を覚えるものだった。藤井郁弥（現・藤井フミヤ）ならではの色気のある歌声はこの時点ですでに輝きを放ってはいるものの、当初は売り上げも芳しくなかった。

「ギザギザハートの子守唄」とともにデビュー曲の候補になっていたのが、「涙のリクエスト」である。作詞した売野雅勇は、この曲にヒットの確信を抱いていた。プロデューサーからグループのコンセプトを「八〇年代のオールディーズ」と聞かされていた売野は、チェッカーズがドゥーワップのバンドであったことをふまえ、一九六〇年代風のロカビリーの要素を加えた詞にしようと考えた。具体的なイメージとしては、映画『アメリカン・グラフィティ』（監督：ジョージ・ルーカス、一九七三年）の世界である。この映画の、主人公の少年が年上の女性に歌を贈ろうとＤＪのウルフマン・ジャックにリクエストする場面が発想源になった（売野雅勇『砂の果実――80年代歌謡曲黄金時代疾走の日々』朝日新聞出版、二〇一六年、一五一ページ）。

一九八四年一月、二枚目のシングルとして発売された「涙のリクエスト」は、オリコン週間シングルチャートで二位、音楽ランキング番組『ザ・ベストテン』では一位を記録するなど、はたして大ヒット。ここから「哀しくてジェラシー」（一九八四年）、「星屑のステージ」（一九八四年）、「ジュリアに傷心」（一九八四年）と同じ路線の楽曲でヒットを連発し、爆発的人気を巻き起こした。

これら一連の曲を作詞した先述の売野雅勇は、チェッカーズの歌の魅力を「懐かしいような、そして憧れみたいな気持ちも起こさせる」「郷愁」にあると言う。それは、「こころの中の原風景をかいま見せる、素敵な力がある」ということであり、売野によればその力こそがヒット曲に必須なものである（同書一五五―一五六ページ）。つまり、あらゆる世代の心に刺さる〝時代を超えた郷愁〟。それがチェッカーズの歌、そして楽曲の魅力だった。

「ポップな不良性」を体現したチェッカーズ

一方で、チェッカーズのプロモーション戦略には、そうした郷愁とはまた異なる時代の最先端と交わるものがあった。

チェッカーズと聞くと、ボーカルの藤井郁弥らのツンツンヘアーや独特の長い前髪、そして全員チェック柄の衣装が思い浮かぶひとも多いだろう。ベイ・シティ・ローラーズやレイジーを思い出すまでもなく、そこにはアイドルロックバンドの系譜が受け継がれている。リードボーカルの藤井フミヤ、サイドボーカルの高杢禎彦、同じく鶴久政治のフロントメンバー三人が決まった振り付けで踊るような演出などもあわせて、ビジュアル面でのプロデュースは綿密に練られたものだった。

当初、彼らのなかにも不満がなかったわけではない。藤井郁弥は、「最初のころはね、アイドルのようなものとして売れていくことに多少テーコーがあった。キャーキャー騒がれるよりも、もう少しマニアックな人たちにもウケたいと思っていた」とミュージシャンとしての自負をにじませながら振り返る。だがそんな彼も、そのうち考えが変わってきた。「チェッカーズは、これでいい。（略）メジャーなのがスキ。いろんなことができるしね、いろんな人に会えるしね」（前掲『もっと！チェッカーズ』九九ページ）

藤井郁弥がこう語る背景には、アイドルが最先端のポップカルチャーと密接な関係を結んだ一九八〇年代という時代がある。単なる歌手というだけでなく、チェッカーズにはポップカルチャーのアイコンとも言うべき側面があった。

その面でプロデューサーとして腕を振るったのが、才人として名高かった秋山道男である。本や雑誌の編集、作詞・作曲、さらに俳優としても活動するなど多彩な才能を発揮した秋山は、店舗やブランドなどさまざまなもののプロデュース業でも活躍した。そのひとつがアイドルであり、小泉今日子とともにプロデュースしたのが、チェッカーズだった。

たとえば、チェッカーズの主演映画『CHECKERS IN TAN TAN たぬき』（監督：川島透、一九八五年）などはその好例である。前回たのきんトリオの映画「たのきんスーパーヒットシリーズ」についてふれたが、同じ東宝配給のこの映画は当時盛んに製作されたアイドル映画の一本であり、秋山はこの作品の原案を担当した。

この映画で、チェッカーズのメンバーは本人役で出演している。彼らは実は事情があってタヌキが化けた存在という設定で、そこに彼らをつけ狙う組織などが絡んで巻き起こる騒動が、ファンタジックな演出や彼らのヒット曲の演奏シーンなどを交えて描かれる。配給収入十一億円のヒット作になった。

言うまでもなく、こうした設定と物語は、ビートルズの映画『ヘルプ！　４人はアイドル』に想を得たものである。ロックバンドによるアイドル映画の古典となった同作はザ・スパイダースなどGSの主演映画にも影響を与えたが、『CHECKERS IN TAN TAN たぬき』も同様であった。そこにはチェッカーズが体現した、同じ不良性でも「ポップな不良性」が凝縮されている。

映画主演でデビューした吉川晃司

チェッカーズからは少しあとの一九八四年二月にデビューしたのが、吉川晃司である。

一九六五年生まれで広島出身の吉川は、中・高時代に水球の選手として日本代表になるほど将来を嘱望された存在だった。だが並行してやっていたロックバンドが地元で人気になったこともあり、音楽で身を立てようと決意する。

そのころ、東京の渡辺プロダクションに一通の手紙が届く。広島の一女子高生を名乗る送り主からで、「地元に吉川晃司というカッコいいスターの卵がいるので、一度ライブを見にきてもらいたい」という旨の内容だった。そして見にいった渡辺プロの担当者は、吉川のライブへの動員力を目の当たりにし、社長の渡邊晋に推薦。オーディションを経て所属が決まった（野地秩嘉『芸能ビジネスを創った男――渡辺プロとその時代』新潮社、二〇〇六年、二一三―二一四ページ）。

実はこの手紙は、吉川晃司本人が書いた偽の手紙だった。なんとしても芸能界入りしたいと思った吉川は、当時沢田研二などロック系の歌手が所属していたこともあって渡辺プロに女子高生をかたって手紙を送ったのである（同書二一四ページ）。

渡邊晋は、そんな吉川晃司の将来性を買った。そしていきなり映画主演でのデビューという大がかりなプランを立てる。それが大森一樹監督による『すかんぴんウォーク』（一九八四年）である。いちおうフィクションではあるものの、ストーリーは吉川晃司の実人生とダブらせたものになっている。

吉川晃司演じる民川裕司は、広島から上京した高校三年生。アルバイトで店を転々とするうちバンドで歌う姿が目に留まり、スカウトされる。だがマネージャーとの方向性の違いもあって、売れない日々が続く。そして心機一転、裕司はバンドを辞めてひとりで音楽に打ち込む。その結果、彼はデビューを決め、一躍大成功を収める。

切ない恋愛や夢の挫折を巧みに盛り込んだ青春映画の佳作と言える本作は、一方で吉川晃司のプロモーションビデオにもなっている。たとえば、映画の冒頭、吉川は東京湾を見事なバタフライで泳いで登場し、観ている側の度肝を抜く。もちろん、水球で鍛えた長身の肉体美と運動能力をアピールするためのものだ。のちに広い肩幅は吉川晃司の代名詞になったが、ここでそのイメージは決定的になったと言っても過言ではない。

そしてこの映画の劇中でも歌われたのが、デビュー曲「モニカ」（一九八四年）である。サビで繰り返される「Thanks」が印象的なロック調の楽曲だが、ピンク色のスーツを着ての華麗なバク転や足の垂直上げも人気を呼んだ。『ザ・ベストテン』で広島の母校のプールサイドで歌った際、最後にバク転でプールに飛び込む派手なパフォーマンスをして話題にもなった。

テレビとロックのあいだで

とはいえ、吉川晃司はテレビ出演に関して、ロックミュージシャンならではの葛藤を抱いてもいた。それは、前にも書いたように、一九七〇年代の「ロック御三家」のひとり、Ｃｈａｒが感じていたものと似ている。「私は確かに歌謡界の新人賞レースに出ました。新人賞もいただいた。でも、事務所が敷いたレールの上を進む気はなかった。自分で自分をプロデュースして、ロッカー、吉川晃司として生きていきたかった」（同書二一八ページ）

しかしながら、他方で一九八〇年代には、ロックはさらにテレビと密接な関係を築くようになっていた。全員が鮮やかなカラーリングをした髪で話題になったロックバンドC－C－Bのヒット曲「Romantic が止まらない」（一九八五年）が中山美穂のデビュードラマ『毎度おさわがせします』（TBS系、一九八五―八七年）の主題歌として大ヒットしたこと、チェッカーズが『とんねるずのみなさんのおかげです』（フジテレビ系、一九八八―九七年）にたびたび出演し、とんねるずとともにコントを繰り広げたことなどはその一端だ。

そうした時代のなかで、吉川晃司はいわば尖った存在だった。テレビの音楽番組に出続けながら、ロックミュージシャンとしてのアイデンティティを主張しようとした。その点では、西城秀樹に通じるものがある。

独特の巻き舌唱法は、そうした主張のひとつだった。それは、「だからぼくは」という歌詞を「だっかぁらぁぼっくぅはぁ」のように歌うことでロック的なグルーヴ感を出すためだった。そのヒントにあったのは、原田真二であり、佐野元春だったという（「吉川晃司「自分にとって歌とは見えを切る人生そのもの」」「AERA.dot」二〇一四年九月十五日号、朝日新聞出版〔https://dot.asahi.com/wa/2014091200059.html?page=1〕）。ここで原田真二の名前が出てくることは、吉川晃司が先述の「ロック御三家」の直系であることをうかがわせる。

しかしそうした自己主張が、ときに波紋を巻き起こすこともあった。『夜のヒットスタジオ』でアン・ルイスが「六本木心中」を歌った際、コラボした吉川晃司がアン・ルイスと身体を密着させてセクシャルなパフォーマンスを繰り広げ、物議を醸したことなどは一例だ。

さらに、一九八五年の『NHK紅白歌合戦』でのパフォーマンスも世間を驚かせた。この年初出場で「にくまれそうなNEWフェイス」（一九八五年）を歌った吉川晃司は、シャンパンをステージにまき散らし、ギターに火をつけて破壊するなど、NHK側にも知らせていなかったパフォーマンスをした。これにNHKは態度を硬化させ、吉川は長期の出禁にもなった。

こうして既存の歌謡界や芸能界に対するフラストレーションを蓄積していた吉川晃司は、結局一九八八年に事務所を独立、ロックミュージシャンとしての道を歩み始める。八八年にはBOØWYのギタリストだった布袋寅泰とCOMPLEXを結成、「BE MY BABY」（一九八九年）などヒットを飛ばした。その後ソロアーティストに戻り、いまや俳優としても存在感を放っている。

チェッカーズの解散と『イカ天』ブーム

一九九二年、チェッカーズはその年限りでの解散を発表。その最後のステージになったのが、同年の『紅白』である。トリではなかったものの、当時まだ一人一曲という慣例が厳然としてあった『紅白』で、「ギザギザハートの子守唄」「涙のリクエスト」など五曲メドレーを用意されるという異例の厚遇だった。そこには先ほども述べたとおり、ロックとテレビが密接だった時代の名残を感じさせる。

だがもう一方で、ロックとテレビの関係も変わろうとしていた。

一九八九年に始まった深夜番組『三宅裕司のいかすバンド天国』（TBS系、一九八九―九〇年、通称『イカ天』）は、アマチュアバンドが競い合う勝ち抜き形式の音楽番組である。本格的なバンドから奇抜なバンドまで多種多彩なバンドの熱気あふれる演奏とパフォーマンスが評判を呼び、『イカ天』ブームが到来。FLYING KIDS、BEGIN、たま、BLANKY JET CITY など数々の人気バンドを輩出した。

また同じころ、大阪では「城天」と称されるストリートライブが評判を呼んでいた。大阪城公園でストリートライブをおこなうアマチュアバンドが人気を集めるようになっていたのである。そのなかにいたのがシャ乱Qで、彼らはNHK主催のアマチュアバンドコンテスト『BSヤングバトル』でグランプリを獲得。一九九二年にメジャーデビューし、「シングルベッド」（一九九四年）、

「ズルい女」(一九九五年)でブレークを果たす。

こうした一九九〇年前後のバンドブームは、歌謡曲の衰退と軌を一にしていた。同時に、歌謡曲と対の関係にあった『夜のヒットスタジオ』や『ザ・ベストテン』などのテレビの老舗音楽番組も終了する。したがって、ロックを志向する歌手が昔ながらの歌謡曲中心の音楽番組に出る必要性もなくなった。ロックとテレビをめぐるひとつの時代が、ここで終わったのである。

だがもう一方で、アイドル歌手とテレビの密接な関係は、一九八〇年代、そしてそれ以降も続くことになる。男性アイドルにおいてその主役となったのは、やはりジャニーズだった。

5 シブがき隊、少年隊、そして光GENJIブーム

テレビをホームにしたシブがき隊

たのきんトリオに続いてデビューし、人気を集めたのが、同じ三人組のシブがき隊である。デビューの経緯も似ていた。シブがき隊は、『3年B組金八先生』と同じ枠で放送された学園ドラマ『2年B組仙八先生』への生徒役出演をきっかけに結成された。不良タイプの薬丸裕英、王子様タイプの本木雅弘、優しい感じの布川敏和という三人のバランスも、たのきんトリオを思わせる。

一九八二年「NAI・NAI 16」で歌手デビュー。二曲目の「100%…SOかもね!」で同年の日本レコード大賞最優秀新人賞を受賞した。このときはセンターのポジションが薬丸だったこともあり、

彼らの楽曲には当時トレンドだったツッパリの要素を感じさせるものが少なくなかった。ただそうした場合にも「ジタバタ するなよ！　世紀末が来るぜ！」（「NAI・NAI 16」）のようなちょっとコミカルな風味のフレーズがちりばめられていて、そこが同じツッパリ路線の近藤真彦ともまた異なる個性になっていた。

シブがき隊の同期には小泉今日子や中森明菜、松本伊代、堀ちえみ、早見優、石川秀美ら人気アイドル歌手も多く、「花の82年組」と呼ばれた。彼らの活躍の背景には、ジャニーズの躍進以外にそうしたアイドル全盛期の到来があった。

それらアイドル歌手たちの人気を支えていたのが、『夜のヒットスタジオ』や『ザ・ベストテン』などのテレビの音楽番組である。たのきんトリオや松田聖子から始まって、一九八〇年代前半はテレビとアイドルの関係が一心同体と言えるほど密接になった時期だった。当然、「花の82年組」の活動の主舞台もテレビだった。

そのなかでシブがき隊は、すでに片鱗を見せていた薬丸裕英のMCの才や本木雅弘、布川敏和それぞれの個性もあり、『ヤンヤン歌うスタジオ』（テレビ東京系、一九七七―八七年）のようなバラエティ色が強い番組などでも広く活躍した。その点でも、彼らは『たのきん全力投球！』などバラエティでも人気だったたのきんトリオの流れを継いでいた。シブがき隊は、テレビをホームグラウンドにした典型的なジャニーズアイドルだった。

少年隊によるミュージカル路線の継承

そうしたなか、少年隊が一九八五年にメジャーデビューを果たす。少年隊は、当時ジャニーズJr.の総称として使われていた名称だった。そして八一年、テレビの音楽番組出演のために選ばれた三人による「ジャニーズ少年隊」が結成される。その後、オリジナルメンバーだった錦織一清と植草克秀、さらにメンバー交代によって加入した東山紀之の三人によって現在の少年隊が誕生した。

彼らのダンススキルと歌唱力は当初から評価が高く、正式な歌手デビュー前に単独で『夜のヒットスタジオ』に出演したり、コンサートを開いたりもした。ここまで何度かふれてきたように、ジャニーズJr.の仕組みはファンに〝先物買い〟の発見をする楽しみをもたらす。その効果が最大限に発揮された例のひとつが、少年隊だった。

したがって、少年隊のレコードデビューはファンにとって待ちに待ったものだった。はたして一九八五年十二月に発売されたデビュー曲「仮面舞踏会」は、オリコン週間チャートで初登場一位、八六年度のオリコン年間チャートでも三位を記録する大ヒットになった。そしてこの曲でシブがき隊と同様、日本レコード大賞最優秀新人賞を受賞する。余談になるが、同年『NHK紅白歌合戦』に少年隊が初出場した際、白組司会の加山雄三が「仮面ライダー!」と紹介してしまったハプニングは、多くのひとが知るところだろう。

ところでこの「仮面舞踏会」、タイトルもそうだがドラマチックなイントロからもどこかミュージカルを彷彿させるものがある。音楽番組で披露されるときのバク宙(後方宙返り)など、アクロバット的要素を織り交ぜた華麗なダンスもその印象を増す。実際、二曲目以降も「君だけに」（一九八七年）などヒットを連発して音楽番組の常連となる一方で、少年隊は精力的に舞台に取り組んだ。その大きな成果が、彼らが主演するオリジナルミュージカル『PLAYZONE《プレゾン》』である。一九八六年から毎年青山劇場で上演され、少年隊の出演としては二〇〇八年まで続いた。内容は年によって異なるが、歌とダンスを中心に展開する基本のストーリーがあり、そこにフライングのようなきらびやかなステージ演出、さらには笑いを誘うトークのパートなどをふんだんに盛り込んだ総合エンターテインメントを目指したものである点は一貫する。そこには言うまでもなく、アメリカのショービジネスから出発してオリジナルミュージカルの確立を目指したジャニーズ事務所創設者・ジャニー喜多川の夢が受け継がれている。初年度の振付師としてマイケル・ジャクソンの「スリラー」などを担当したマイケル・ピータースを招いたことはその意気込みの表れだろう（東山紀之『カワサキ・キッド』朝日新聞出版、二〇一〇年、一二八ページ）。

また、錦織一清がこの「PLAYZONE」シリーズを通じて自ら脚本や演出を手掛けるようになり、さらに現在も続くKinKi Kids・堂本光一主演のミュージカル「SHOCK」シリーズが生まれるきっかけになるなど、ジャニー喜多川の舞台のエッセンスとノウハウが所属タレントに継承されていくうえでも重要な作品になった。

〝光GENJI現象〟が意味するもの

シブがき隊と少年隊のメンバーはみな一九六五年から六六年生まれの同年代だが、こうしてみると活動のスタイルという点では、テレビと舞台というはっきりとした対比がある。

以前にも述べたように、たのきんトリオは『3年B組金八先生』というテレビドラマが生んだアイドルだった。つまり、一九六〇年代以来のジャニーズの原点が舞台であるとすれば、活動の場としてそれに加えてテレビの比重がぐっと増したのが八〇年代だった。シブがき隊と少年隊の路線の違いは、そんな歴史的変化の反映でもあった。

そこに彗星のように登場したのが、光GENJIである。彼らは、ジャニーズにとどまらず男性アイドル史上でもあまり類をみないような爆発的ブームを巻き起こした。

七人組の光GENJIは、五人組の「GENJI」(諸星和己、佐藤寛之、山本淳一、赤坂晃、佐藤敦啓〔現・佐藤アツヒロ〕)と二人組の「光」(内海光司、大沢樹生)が合体して結成された。年少組にあたるGENJIがすでにテレビや雑誌で活動していたところに年長組の光(二人はそれ以前にイーグルスという別のグループにいた)が加わったかたちである。

一九八七年、「STAR LIGHT」でデビュー。楽曲はチャゲ&飛鳥(作詞は飛鳥涼だけ)によるもので、片思いをした少年の切なくも真剣な胸の内を歌ったもの。その意味ではアイドルソングの王道だが、スケール感たっぷりのメロディーとアレンジが新鮮で耳に残る。

「STAR LIGHT」はオリコン週間シングルチャートで初登場一位を獲得、年間ランキングでも四位を記録した。それだけでも人気のほどがうかがえるが、翌一九八八年度のオリコン年間ランキングでは、「パラダイス銀河」「ガラスの十代」「Diamond ハリケーン」がトップ3を独占するという快挙を達成。さらに「パラダイス銀河」でデビュー二年目にして日本レコード大賞を受賞するなど、光GENJI旋風が吹き荒れた。

その人気の一因に、代名詞とも言えるローラースケートでの派手なパフォーマンスがあった。曲のあいだメンバーは縦横無尽にローラースケートで駆け回り、バク転やバク宙まで披露した。その華麗さと疾走感は、彼らのアイドル性をいっそう際立たせた。

なぜ、ローラースケートなのか。そこにはジャニーズらしく、ミュージカルが関係していた。当時、世界的に人気を集めていた『スターライトエクスプレス』というロンドン発のミュージカルがあった。演者がローラースケートを履いて舞台を走り回るのが大きな見どころで、演目名の一部をタイトルにした「STAR LIGHT」は、日本公演（川崎麻世も出演した）のためのイメージソングだった。日本公演の主催はフジサンケイグループ。当時民放キー局の視聴率争いでもトップを走り、勢いがあったフジテレビも大々的にプロモーションをおこなった。その一環として、デビュー前の光GENJIは一九八七年夏にフジサンケイグループが開催したイベント「コミュニケーションカーニバル 夢工場'87」の会場でフジテレビの番組に生出演し、「STAR LIGHT」を歌っている。

つまり光GENJIは、一九八〇年代に拮抗するようになったジャニーズの舞台志向とテレビ志向が一瞬融合したところに生まれた。その彼らが宿した巨大なエネルギーはバブル景気まっただなかの特別な高揚感にも後押しされ、まさに社会現象になった。

伝統的男性アイドル像の終わり？——SMAPへ

そんな光GENJIだが、タイプとしてはジャニーズの原点である「王子様」アイドルの究極形だったように思える。「光源氏」を連想させるグループ名もそうだが、曲名の「STAR（星）」「ガラス」「銀河」に象徴されるキラキラ感、そしてそこにふと顔をのぞかせる切なさやはかなさが、十代を中心にした若い女性たちを熱狂させた。

ただ一方で、彼らはおとぎ話に出てくるような古典的な王子様タイプではなかった。諸星和己のようなやんちゃタイプや大沢樹生のようなクールなタイプが中心メンバーだった点からも、そこで体現された「王子様」は時代に合わせてアップデートされてもいた。

とはいえ、やはり〝光ＧＥＮＪＩ現象〟は、一九七〇年代以来続いてきた伝統的男性アイドルの最後の輝きだったのではないだろうか。光ＧＥＮＪＩが登場したのは八〇年代後半、つまりちょうど昭和の終わりごろである。したがってそれ以降の平成の男性アイドルは、まったく新しいタイプのアイドル像の確立を求められた。

そのパイオニアとしての役割を担うことになったのが、光ＧＥＮＪＩのバックで踊っていた六人の少年たちである。光ＧＥＮＪＩのバックダンサーだったJr.のなかに、「スケートボーイズ」という十人あまりのグループがあった。そしてそのメンバーのなかから六人が選ばれ、新たにグループが結成される。彼らは「ＳＭＡＰ」と名付けられた。

では彼らは、どのようにして平成の新たな男性アイドル像を作り上げたのか。次章以降で述べることにする。

第５章　ＳＭＡＰとダンスアイドルの台頭
――一九九〇年代の新たな男性アイドル像

一九八〇年代に、たのきんトリオの登場によって復活したジャニーズ。その後も多くの人気アイドルを生み、男性アイドル界での一大勢力になっていく。そして九〇年代のＳＭＡＰの登場は、ジャニーズの地位を不動のものにした。本章ではＳＭＡＰについて詳しくみるとともに、同じ九〇年代に台頭し始めたダンスアイドルについてもあわせてみていきたい。

１　ＳＭＡＰの登場、そのブレークへの道のり

スケートボーイズからＳＭＡＰへ

先輩グループのバックダンサーを務めながら経験を積み、ファンからも存在を認知されていくジャニーズJr.の仕組みについてはあらためて繰り返すまでもないだろう。そして光ＧＥＮＪＩのバッ

クで踊るJr.のなかには、二つのグループがあった。平家派とスケートボーイズである。

平家派には城島茂（TOKIO）や坂本昌行（V6）など現在もジャニーズで活躍するメンバー、またのちに俳優・反町隆史として有名になる野口隆史も所属していた。ただこれもジャニーズの通例として、メンバー編成は固定されず流動的だった。その点はスケートボーイズも同様で、国分太一（TOKIO）などはスケートボーイズだけでなく、平家派のメンバーだった時期もあった。だが次第にスケートボーイズは、十二人でアイドル雑誌などに登場するようになる。そうした際に使われていたのが、「SMAP時代のスケートボーイズ」というフレーズだった。

「SMAP」とは、「Sports Music Assemble People」の頭文字を並べたもの。「スポーツと音楽が人びとを結び付ける」とも「スポーツと音楽で集う人びと」ともとれるが、いずれにしても光GENJIのローラースケートパフォーマンスを念頭に、〝スポーツと音楽の融合〟を次世代に継承しようという意図がうかがえる。

そして一九八八年、その「SMAP」をグループ名に冠したグループが結成される。メンバーはスケートボーイズとして活動していた中居正広、木村拓哉、稲垣吾郎、森且行、草彅剛、香取慎吾の六人。七二年生まれの中居と木村が高校一年生、稲垣と森が中学三年生、草彅が中学二年生、そして香取は小学六年生だった。

SMAPの〝誤算〟

当初SMAPの売り出し方は、当然ながら一九八〇年代にジャニーズが復活した際の成功パターンを踏襲するものだった。

たとえば、森且行は一九八八年に放送された『金八先生』の第三シリーズに生徒の谷口健治役で出演している。タイトルバックの登校シーンでは、森はひとりだけスケートボードに乗って登場し目立っている。言うまでもなく歌手デビュー前のドラマ出演は、たのきんトリオの例にならったものだった。

また、同じく一九八八年にはグループ全員で主演を務めるテレビ東京の学園ドラマ『あぶない少年Ⅲ』が始まった。ただ、SMAPのメンバーは本人役での出演。さらに合間にバラエティ的コーナーが挟まるなど、ドラマそのものよりもアイドル・SMAPの存在と魅力を世に知らしめることが優先されていた。同シリーズのパートⅠとⅡも似たようなテイストで、光GENJIの主演。それをみても、後継グループとしての期待を担っての起用だった。

それ以降もSMAPの活動は多方面で展開された。一九八九年にはグループでレギュラーを務めるバラエティ『アイドル共和国』(テレビ朝日系、一九八九―九一年)がスタート。西武園ゆうえんちからの生放送で、光GENJIやJr.も出演していた。同年には、「SMAP」という名のドリンクが発売され、そのCMにも出演した。また九一年にはミュージカル『聖闘士星矢』にも出演した。

個々のメンバーでは、森且行が先陣を切った俳優としての活動も盛んだった。森に続いて、稲垣吾郎はNHKの朝の連続テレビ小説『青春家族』(一九八九年)に出演、『さらば愛しのやくざ』(監督：和泉聖治、一九九〇年)で映画初出演も果たした。中居正広、草彅剛、香取慎吾はそろって『時間ですよ 平成元年』(TBS系、一九八九年)に、さらに中居と稲垣はフジテレビの学園ドラマ『学校へ行こう!』(一九九一年)に出演した。一方、舞台からスタートしたのが木村拓哉である。一九八九年、唐十郎原作・蜷川幸雄演出の舞台『盲導犬』に出演。その後、『おとうと』(TBS系、一九九〇年)などドラマにも進出していく。

こうしてみると、グループ単位での活動の一方で、メンバー個々の活動も目立つ。しかもグループでもソロでも、ドラマ、バラエティ、CM、映画、舞台と活動の幅は広い。たのきんトリオで復活して以来、シブがき隊、少年隊、光GENJIと続いたそれぞれ個性が異なるグループの成功が、ジャニーズグループの活動の選択肢をいっそう多彩なものにしたことが見て取れる。

そして一九九一年九月、満を持してSMAPは歌手デビューを迎える。こちらでも事前のプロモーションは怠りなく、同年元日には日本武道館で最初のコンサートを開いている。デビュー前の武道館コンサートは史上初のこと、その時点の平均年齢で言うと史上最年少というおまけもついていた。デビュー曲は「Can't Stop!! -Loving-」。タイトルどおり、好きな女の子へのあふれる思いを訴えるストレートで初々しいラブソングである。曲中には「S.M.A.P　SMAP!」とグループ名が入るところもあって、アイドルのデビュー曲にしばしばある自己紹介ソング的な一面もある。

ただ、肝心の売り上げのほうはもくろみどおりとはいかなかった。ちょうど同じタイミングでダブルミリオンの記録的セールスになったCHAGE & ASKA「SAY YES」がヒット中だったこともあって、オリコン週間シングルチャートは二位にとどまった。初週の売り上げも十万枚に届かず、そうした順位や売り上げは光GENJIの後継グループとしての期待を思えば物足りないものだった。つまり、従来の成功パターンが通用しなかったのである。

節目になった楽曲「がんばりましょう」

その理由はさまざまあるだろうが、何よりも大きかったのはヒット曲が生まれる仕組みの時代的な変化である。昭和から平成になった頃、つまり一九九〇年の前後に『夜のヒットスタジオ』や『ザ・ベストテン』、『歌のトップテン』（日本テレビ系、一九八六―九〇年）など当時を代表する長寿音楽番組が続々と終了する。それは、六〇年代からテレビとともに発展してきた歌謡曲全体の衰退と軌を一にするものだった。その結果、テレビの音楽番組で新曲を聴いた視聴者がレコードやＣＤを買ってヒットにつながるという従来の構図が崩れた。ＳＭＡＰは、ちょうどそのタイミングでデビューしたことになる。その意味では、本人たちの努力だけではどうしようもない部分も小さくなかった。

それに対してヒット曲を生む新たなルートになっていたのは、たとえばドラマの主題歌やＣＭソングだった。ＳＭＡＰのデビュー曲一位を阻んだ「SAY YES」も、よく知られるように高視聴率を記録した月９ドラマ『101回目のプロポーズ』（フジテレビ系、一九九一年）の主題歌だった。

結局、ＳＭＡＰがオリコン週間チャートで初めて一位を獲得したのは、デビューから二年半後に発売された十二枚目のシングル「Hey Hey おおきに毎度あり」（一九九四年）だった。メンバーに関西出身者はいないのに関西弁の歌詞というちょっと風変わりな曲だったが、メンバー全員が出演し、同曲発売と同じ日に公開された映画『シュート！』（監督：大森一樹、一九九四年）の挿入歌でもあった。

ただ、のちのＳＭＡＰの軌跡をみたとき、音楽的転機はその少し前にあったと言える。ＳＭＡＰのシングルのセールスがはっきりと上昇気流を描き始めたのは、一九九三年十一月に発売された十枚目の「＄10」からである。オリコン週間チャートの最高順位こそ五位だったものの、ロングヒットになって累計売り上げも初めて三十万枚を超えた。

発売までの経緯も、アイドルのシングル曲としては異例だった。もともとこの曲は、ＳＭＡＰのシングル曲として作られたものではなく、作詞・作曲者であるミュージシャンの林田健司が自分の持ち歌として歌っていたものだった。それを森且行が好きでＳＭＡＰのコンサートで歌っていたことから、シングル化の話が持ち上がった（中居正広『SMAP MIND――中居正広音楽対談 Vol.2』幻冬舎、一九九七年、一八〇ページ）。

したがって、曲調も歌詞もそれまでのＳＭＡＰとは打って変わったものになった。ブラックミュージックをベースにしたファンキーな曲調に大人の恋愛を歌ったセクシーな歌詞。デビュー以来アイドルらしいさわやかな曲調の楽曲やアニメ主題歌などを多く歌ってきたＳＭＡＰにとって大きな方向転換だった。

そこにはＳＭＡＰ自身の考えももちろんあっただろうが、ジャニーズの特徴のひとつである音楽的な進取性も認められる。初代ジャニーズがレッスンを積むために渡米したように、ジャニーズにはその時代の世界の流れをキャッチしようとする貪欲さがずっとあった。そして一九九〇年代に至り、最先端の音楽のトレンドを大胆に取り入れ、かつそれが日本の大衆に支持されるという好循環が生まれようとしていた。

そのことをＳＭＡＰにおいて象徴するのが、一九九四年九月に発売された「がんばりましょう」だろう。オリコン週間チャート初登場一位で二十三万枚超、累計でも七十二万枚あまりの売り上げを記録。このあたりで、ＳＭＡＰの歌手としての人気は確立されたと言っていい。

この曲では、既存の楽曲のフレーズを引用するサンプリングの技法を積極的に使っている。「Hey Hey Girl～」のサビのメロディーは、一九八〇年代のソウルミュージックの楽曲のサビをサンプリングしたもの。またイントロでも、歌舞伎の掛け声とプリンスの楽曲をサンプリングしている。

だがこうした最先端をいく凝った作りの一方で、全体としては口ずさみたくなるような大衆性があるところも見逃せない。それを特に感じさせるのは、歌詞の部分だろう。小倉めぐみによる詞には、ひと言で言えば〝普通さ〟の魅力が詰まっている。そこにつづられているのは、どこにでもありそうな日常だ。低血圧に寝ぐせがついた髪で起きる「かっこわるい朝」。仕事に行くのも億劫だ。でも歌詞の主人公は、「いつの日にか また幸せに」なるためにかっこわるい毎日をとりあえずがんばることにする。ここで「がんばれ」という命令口調ではなく、「がんばりましょう」という和らいだ表現になっているのもポイントだろう。その言い回しは、がんばることは義務ではないし、そのときできる範囲でそうすればいいこと、つまり普通で十分であることをさりげなく教えてくれる。

このように、「がんばりましょう」という楽曲は、音楽としての〝スタイリッシュなかっこよさ〟と歌詞に表現される〝どこにでもある普通さ〟の絶妙のバランスのうえに成立していた。

以前、たのきんトリオが「普通の男の子」というアイドル像を開拓したと述べた。その意味で言えば、SMAPはそのアイドル像を受け継ぎ、大きく発展させた存在だった。「がんばりましょう」をかっこよく、そして自然体で歌うSMAPの姿には、アイドルという特別な存在でありながら「普通の男の子」であるとはどういうことなのかをひと目でわからせてくれる説得力があった。実際、「がんばりましょう」は、このあとにも述べるようにSMAPの歴史で大切な楽曲、フレーズになっていく。

『SMAP×SMAP』への道――SMAPのバラエティ修業

他方で、よく言われるように、SMAPの新しさはそれまで男性アイドルが取り組まなかった本格バラエティで成功したことにもあった。だが、なぜバラエティに進出したのか。

言うまでもなく、そこには先ほどもふれたテレビの音楽番組の減少が背景にある。それに伴い、アイドルは歌って踊っていればいいだけではなくなった。その際、一九七〇年代の井上純一のように俳優としてやっていくという選択もあっただろう。しかし、それだとソロ活動はできたとしても、グループ単位で活動することは難しくなってしまう。その点、バラエティであればグループ単位で活動することも比較的容易だ。実際、『アイドル共和国』などはそうだった。だがそれはどちらかと言えば、ファンに向けたタイプの番組であり、より広い視聴者層に向けたものではなかった。音楽番組が健在のころならば、バラエティ出演は歌手活動の余技でも問題なかったが、いまやそういうわけにはいかない。

そうしたなかバラエティでの突破口になったのが、一九九二年に始まった『夢がMORI MORI』

（フジテレビ系、一九九二―九五年）である。森脇健児、森口博子がメインで、ＳＭＡＰもレギュラーで出演した。

この番組に「音松くん」というレギュラーコントのコーナーがあった。赤塚不二夫の漫画『おそ松くん』に引っ掛けたもので、ＳＭＡＰの六人は六つ子の設定。それぞれ青松、赤松、……という役名に合わせて同色の学生服、おかっぱ頭のかつらというコスプレで本格的なキャラクターコントを演じた。これが評判を呼び、音松くんの名義でシングルも発売された。

ＳＭＡＰにとって、このようにフジテレビのバラエティ番組で足掛かりを得た意味は小さくなかった。当時フジテレビは、一九八〇年代初頭の漫才ブーム以降、バラエティの分野でテレビ全体をリードする存在だったからである。

そして一九九五年四月、『夢がMORI MORI』のスタッフの制作によって、ＳＭＡＰをメインとするバラエティ番組『ＳＭＡＰのがんばりましょう』がスタートする。同番組は、毎週月曜から金曜深夜に放送される十分間の帯番組だった。アイドルがメインの番組としては珍しいかたちだ。企画も毎日変わる。持ち歌の披露、ゲストアーティストとのコラボ、フリートーク、ドラマ、さらには吉本新喜劇までさまざまな企画があった。

つまり、歌とダンス、トーク、ドラマにコメディー。それに土曜日に放送中だった『夢がMORI MORI』のコントもあわせれば、本格バラエティ番組に必要な要素が出そろっている。言い換えればＳＭＡＰは、この二つの番組を通じてアイドルメインとしてはおそらく前例がない本格バラエティのための〝修業〟を積んでいた。

そうして一九九六年四月。テレビ史に残る彼らの冠バラエティ番組『SMAP×SMAP』(フジテレビ系、一九九六―二〇一六年)が始まる。では『SMAP×SMAP』はどのような点でテレビ史に残るのか、そしてそれはジャニーズにとってどんな意味をもったのか。

2　SMAPはアイドルの定義を変えた

『SMAP×SMAP』のアイドル史的意味

一九九六年四月十五日、SMAPの冠バラエティ番組『SMAP×SMAP』(以下、『スマスマ』と表記)が始まった。フジテレビ系の月曜夜十時。「月9」に続く時間帯である。実はその日は、メンバーの木村拓哉が主演して社会現象的な人気を博することになる『ロングバケーション』の初回放送日でもあった。『スマスマ』の冒頭に生放送でそのことを話題にする場面もあり、グループとソロの両立を図るSMAPの活動を凝縮したような番組編成でもあった。

前節でもふれたように、『スマスマ』はアイドルが本格バラエティのメインを務めるという点で画期的なものだった。

「バラエティ」と聞くと、いまはまずお笑いを連想するだろう。しかし、原義の「variety show」が示すように、もともとバラエティは多彩な芸や娯楽を並べてひとつのショーとして楽しませる番組のことを指していた。日本のテレビで言えば、一九六〇年代前半の『夢であいましょう』や『シャボン玉ホリデー』（日本テレビ系、一九六一―七二年）がそれに近い。コントもあればトークもあり、そして歌やダンスもある。それが本来のバラエティだった。

その意味で、『スマスマ』はまさにバラエティの王道をいくものだった。旬のゲストを招いて料理を振る舞いながらトークを楽しむ「BISTRO SMAP」、「マー坊」「古畑拓三郎」「カツケン」など多くの人気キャラクターを生んだオリジナルコント、そしてマドンナやマイケル・ジャクソンなど海外の大物を含む人気アーティストとのコラボによる「S-Live」。この基本構成は、番組が続いた約二十年間ほとんど変わらなかった。

そこで私たち視聴者は、器用に料理を作り、コントで見事にキャラクターになりきる彼らに驚かされた。と同時に、お笑い芸人にはまねが難しい歌とダンスの部分のアドバンテージも大きかった。そのため彼らは、もう見られなくなりつつあった王道バラエティのスタイルを復活させることができたからである。

さらに『スマスマ』には、一九八〇年代の漫才ブーム以降の新しいバラエティの要素もうまく盛り込まれていた。それは、素の魅力の発揮である。そこに、音楽番組の減少というネガティブな理由だけではない、ＳＭＡＰがバラエティに進出したよりポジティブな理由もあったように思える。

前節でもふれたように、男性アイドル史のなかでＳＭＡＰは「普通の男の子」の系譜を受け継いでいた。ときにはかっこわるい部分をさらすこともいとわない。だが、そのために私たちも共感し、応援できる。そんな「王子様」でも「不良」でもない「普通の男の子」という第三の道を、ＳＭＡＰは大きく発展させた。

素を見せることは、当然「普通の男の子」としての魅力を増すことに通じる。その点バラエティは、音楽番組やドラマ以上に「普通の男の子」の魅力を発揮するのに適していた。本職のお笑い芸人に負けないくらいコントをこなす一方で、トークやロケなどでは素の魅力を存分に発揮する。また、「S-Live」のコーナーで見せるかっこよさとのギャップが素の魅力をより際立たせるという相乗効果もあった。

この『スマスマ』の成功がもたらした影響はきわめて大きかった。SMAPのあとにデビューしたジャニーズグループにとって、歌手活動の一方で冠バラエティ番組をもつことが成功の目安になった。TOKIOやV6などSMAPに近い世代だけでなく、嵐からいまの若手グループに至るまで「歌とバラエティの両立」という基本スタイルは変わっていない。

SMAPが担った社会性

とはいえ、『スマスマ』にはバラエティという枠を超えたドキュメンタリーとしての側面もあった。一九九六年五月、森且行が夢だったオートレーサーになるためにグループを脱退した。それを受けて『スマスマ』の歌のコーナーでは、森自身の選曲で「$10」「がんばりましょう」などのメドレーを歌い、「BEST FRIEND」のときには中居正広が号泣して歌えなくなる場面もあった。そして、のちに結成二十五周年を記念して『スマスマ』で五人が旅をする特別企画（二〇一三年放送）の際にも、宿泊先の旅館のカラオケで「BEST FRIEND」を歌い、同様の場面が繰り返されることになる。

　このようにグループにとって大きな節目になるような出来事があったとき、『スマスマ』は一種のドキュメンタリーになった。それは感動的な場面だけではない。稲垣吾郎や草彅剛の不祥事があった際、また分裂解散の危機が大きく報じられた際もそうだった。そうしたとき、SMAPは『スマスマ』を通して自分たちの姿や声を私たちに届けてきた。そこにさまざまな反響があったにせよ、いわば『スマスマ』はSMAPと視聴者をつなぐ現場であった。

　さらに『スマスマ』は、グループの問題だけでなく広く社会との接点にもなっていく。たとえば、二〇一一年に東日本大震災の発生を受けて、『スマスマ』は生放送をおこなった。そのときSMAPは視聴者からのメッセージを読みながら自分たちにできることを話し合い、「がんばりましょう」などを歌った。

　さかのぼれば、同様のことは一九九五年に阪神・淡路大震災が起きた際にもあった。発生直後、生放送の『ミュージックステーション』（テレビ朝日系、一九八六年―）に出演したSMAPは、予定の曲目を変えて肉声でメッセージを送るとともにやはり「がんばりましょう」を歌った。そこには、「普通の男の子」であるからこその寄り添い方がある。

　東日本大震災発生以降、『スマスマ』の通常回でもSMAPは番組の最後に被災地への支援を呼びかけ続けた。芸能人が大きな災害にあたって支援活動をすることはほかにも見受けられる。それは社会的名士のひとつの責務でもあるだろう。しかし『スマスマ』での呼びかけは、日常的に応援のメッセージを発し続けるという意味で、彼ら「普通の男の子」ならではのものと言えた。そして、「がんばりましょう」はそれにふさわしい楽曲だった。

「人生のパートナー」になった「普通」のアイドル

こうした点をみても、SMAPはいつしか従来のアイドルの枠を大きく超える存在になっていた。だが一方で、彼らは変わらずずっと「国民的アイドル」であり続けた。要するに、SMAPはアイドルそのものの定義を変えた。前述したように、もともとアイドルは、十代の思春期という人生のある特定の時期にだけ夢中になるようなものだった。そうした年代で疑似恋愛の対象になるのがアイドルであり、逆に言えば思春期を過ぎてしまえば自然に卒業するようなものだった。

そんな「アイドル＝一過性のもの」という観念に変化が起こったのが、一九八〇年代後半のことである。そのころ田原俊彦や東山紀之がすでに大人の年齢に達した女性たちから注目され、雑誌「an・an」の「好きな男」ランキングの上位になる現象が起こった。このとき男性アイドルは、単なる疑似恋愛の相手ではなく、より現実的な恋愛の対象になったと言える。むろん実際には、読者の女性たちには別に交際相手やパートナーがいただろう。だがそれと並行して、大人の年齢になってもアイドルを好きでいてかまわないという考え方が広まったのである。

その後一九九〇年代にブレークしたSMAPは、木村拓哉が同ランキングで長年トップの座にあり続けたように、そうした新しいファンとの関係性を受け継いだ。ただ、それだけではなかった。彼らは、広範な活動を通じてファンとの関係をさらに永続的なものにした。

先ほどふれたように、社会と積極的に関わるようになっていった彼らは、年齢や性別を超えて人びとに寄り添う「人生のパートナー」になった。その姿は、思春期限定の存在だったかつての時代のアイドルとはもはや異なる次元にある。しかし、彼らがともに苦境を乗り越えようとするとき常に、そこには成長し続けようとするアイドル本来の生き方が根底にあった。

その意味では、SMAPの登場とともに、男性アイドルは「普通の男の子」から脱皮し、「普通のひと」、言い換えればあらゆる人にとって「普通」であることの価値を体現してくれる存在になったのである。違う言い方をすれば、ここでSMAPは、アイドルグループでありながらどのような人びとをも包み込む一種のコミュニティのようなものになっていた。東日本大震災があった二〇一一年末の『NHK紅白歌合戦』で「オリジナル スマイル」を大トリで歌い、一五年に被災地での『NHKのど自慢』に出演した姿は、その証しだった。

またその一方で、それぞれのメンバーが自立していたことも重要なポイントだろう。中居正広がバラエティのMC、木村拓哉が俳優でブレークしたところに香取慎吾がバラエティやドラマなどマルチな活躍で続く。そして草彅剛も俳優として評価され、また稲垣吾郎も俳優業に加えて本の紹介など教養分野へと活動の幅を広げた。

平成にあたる一九九〇年代から二〇一〇年代は、バブル崩壊後の経済的停滞、格差の拡大や二度の大震災など、私たちが拠って立つ社会の基盤を揺るがせるようなことが続いた時代だった。それに伴って家庭、地域、学校、企業など、基本的な生活の場にも綻びが目立つようにもなった。

そのなかでコミュニティの再建と同時に、自立した個の生き方が模索されるようになる。もちろん、どちらも一朝一夕に答えが見つかるようなものではない。しかしだからこそ、SMAPが自ら示した個とグループを両立させる姿は、平成の「生きづらさ」のなかでもがく私たちにとってひとつの理想に感じられた。そこにはただ社会に寄り添うだけでなく、生き方の手本になるような何かがあった。

異端が正統になるとき――SMAPがもたらした変化

このように、SMAPはジャニーズという枠を超えて大きな存在になった。ただその一方では、ジャニーズの歴史に重要な質的変化をもたらした面もあった。それは以前にシブがき隊と少年隊に関してふれたような、ジャニーズの舞台とテレビのバランスの問題に関わっている。

ジャニーズの根本にあるもの、それはエンターテインメント、つまり人びとを楽しませることへの徹底したプロ意識である。ひと口にエンターテインメントと言っても、その幅は無際限と言えるほどに広い。だが逆にその点を利用して、楽しんでもらうためならあらゆるものを自由に活用する「なんでもあり」の精神が、ジャニーズのエンタメを支えてきた。

その象徴だったのが、言うまでもなくジャニー喜多川である。アメリカのショービジネスをベースにしながら日本のオリジナルミュージカルを目指すなかで、彼は独自の「なんでもあり」のスタイルを築き上げた。和風の要素と洋風の要素が自在に混ざり合い、アクロバティックな要素もあればクラシックな要素もある。その〝無原則の原則〟とも言えるスタイルはときに私たちを戸惑わせ、驚かせた。しかし同時に、そこに私たちはほかにはない〝ジャニーズ〟という独特の世界を感じ取るようになっていった。

舞台かテレビかという問題は、そうしたエンターテインメント哲学のレベルではあまり関係ないだろう。しかし、メディアとしての特徴という観点からみれば、舞台とテレビの違いは無視していいほど小さなものではない。

舞台はいわば非日常であり、その点アイドルとファンのあいだには一定の距離がある。ただそのためにファンは、演じるアイドルへの純粋な憧れをかきたてられるとともに、舞台上で繰り広げられるパフォーマンスや物語に心置きなく没入することができる。

それに対して、テレビは日常のメディアだ。茶の間やリビングなど普段生活をしている空間でみる身近な娯楽がテレビであり、そのため出演者に親近感を抱きやすくもある。その親近感という共通項のなかで、アイドルもテレビとともに発展してきた。

ひと言で言えば、ファンにとって舞台とテレビの違いは遠さと近さのそれということになる。したがってアイドルにとって、舞台では作品のなかで与えられた役柄を演じきることが第一になるとすれば、テレビでは素の部分の魅力、リアリティが大切になる。それはそのまま、提供するエンタメの質の違いにもなってくる。

もちろん実際には、初代ジャニーズ以来どのグループもどちらかだけということはほとんどなく、舞台とテレビ両方で活躍してきた。とはいえ、創設時からの理念に照らせば、オリジナルミュージカル、つまり舞台での活動のほうが本筋だとする意識はずっと残っていただろう。SMAPの登場は、そのバランスを変えた。

SMAPは、テレビで歴史上まれにみる成功を収めた。すると後輩グループはそれをモデルにするようになった。V6の井ノ原快彦は、『学校へ行こう！』（TBS系、一九九七―二〇〇五年）を始める際、「先輩のSMAPが『SMAP×SMAP』であんだけ高視聴率を取っているのに、『お前たちはダメだったか』と言われたくない」（井ノ原快彦『アイドル武者修行』日経BP社、二〇〇五年、一五ページ）と思ったという。

こうして、異端だったものが実質的に正統になるという逆転現象が起こった。つまりSMAPの活躍は、ジャニーズのなかでのバランス、ジャニーズの目指す進路に質的な変化をもたらしたのである。そのことは、のちのSMAP解散とまったく無関係なわけではないと思える。しかし同時にSMAPの成功があったからこそ、一九九〇年代以降長く続く「ジャニーズ一強時代」と呼べる状況が生まれたのもまた確かだった。

ただその一方で、同じ一九九〇年代に、男性アイドル史を語るうえで忘れてはならない別の流れも生まれていた。それがダンスパフォーマンスを中心にしたグループの台頭である。次節では、そちらに目を向けてみることにしたい。

3　DA PUMP、沖縄から生まれたダンスアイドル

沖縄とアイドル

「U.S.A.」（二〇一八年）の大ヒットで奇跡的復活を果たし、再び脚光を浴びたDA PUMP。この曲もMV（ミュージックビデオ）から人気に火がついたように、ダンスが大きな魅力だった。現

在は七人編成だが、オリジナルメンバーは現メンバーでもあるＩＳＳＡを含めて四人。全員が沖縄出身だった。

沖縄は、数多くのアイドルを輩出してきた土地柄である。女性アイドルのパイオニア的存在である南沙織は一九七一年、「17才」でデビュー。天地真理、小柳ルミ子とともに「新三人娘」と呼ばれ、時代を代表するアイドルになった。またその直後の七二年には男性四人、女性一人のきょうだい五人編成のフィンガー5がデビューし、「個人授業」（一九七三年）、「恋のダイヤル６７００《シックスセブンオーオー》」（一九七三年）、「学園天国」（一九七四年）とビッグヒットを連発してブーム的人気を巻き起こした。デビュー時が十二歳、声変わり前の高音が魅力だった晃がかけていたトンボメガネ（レンズが大きな丸形のファッションメガネ）も話題になった。

背景には、沖縄ならではと言える事情もある。戦後、アメリカの軍政下に置かれていた沖縄は、一九五〇年の朝鮮戦争勃発とともに軍事上の要としての役割を増していく。五二年のサンフランシスコ講和条約の発効後も引き続きアメリカの施政下に置かれ、住民による復帰運動の高まりもあったもののアメリカがベトナム戦争への関与を強めるなかで、六〇年代もその状況は続いた。そしてようやく、七二年、佐藤栄作内閣の時代に沖縄の日本復帰は実現する。

そうした状況のなか、在日アメリカ軍の存在が文化面、特に音楽面にもたらした影響も小さくなかった。戦後日本のポピュラー音楽は、アメリカ軍基地とその周辺にあるジャズ喫茶などの音楽関連施設を通じて発展した面がある。たとえば、大手芸能事務所・渡辺プロダクション創設者の渡邊晋は、アメリカ軍基地などで演奏するジャズミュージシャンだった。また西城秀樹が、アマチュア時代に岩国基地などで演奏していたことも前に述べたとおりだ。

フィンガー5も同様で、父親がアメリカ軍関係者向けバーの経営者だった。小さいころからアメリカのポピュラー音楽に慣れ親しんだ彼の子どもたちは、バンドを結成。沖縄のテレビ番組でのコンテスト優勝をきっかけに上京、「ベイビー・ブラザーズ」としてデビューを果たす。だが思うような結果が出ずあきらめようとしていたところに、再デビューの話が持ち上がる。こうして誕生したのが、マイケル・ジャクソンがいた同じきょうだいグループであるジャクソン5をお手本にしたフィンガー5だった。

沖縄アクターズスクールの教え

そして一九九〇年代、沖縄から再びアイドルの大きな波が巻き起こる。とりわけこの時代、人気の重要な要素になったのがダンスだった。その象徴的存在になったのが、言うまでもなく安室奈美恵である。一九九〇年代中盤、ユーロビートのカバー曲で注目された安室は小室哲哉のプロデュース曲で数々のヒット曲を世に送り出した。そして彼女とほぼ軌を一にするように、同じ沖縄出身のMAX、知念里奈、SPEEDらも次々とブレークを果たす。

彼女たちにはもうひとつ共通点があった。それは、沖縄アクターズスクール(一九八三年開校)という養成スクールの出身だったことである。スクールの設立者であるマキノ正幸によれば、安室奈美恵と初めて会ったのは彼女が十歳のとき。彼はそのダンスの才能にひと目で心を奪われた。「ふっと身体を揺らすだけで、もう違う。普通の子なら、身体を動かすと、脚もスカートのすそも同じ方向に揺れる。ところが、その少女は、腰にタメを作って自然に身体をひねるから、スカートのすそがひるがえって、身体にまとわりつくような動きになる」（マキノ正幸『才能』講談社、一九九八年、一五ページ）

スクールのレッスンは、「下半身でビートを刻むことを徹底的にたたき込む」ことから始まる。「沖縄アクターズスクールでは、『型』は教えない。踊りは『型』を見せるものではなく、連続した動きを見せるものだ」（同書一二七ページ）。安室奈美恵は、レッスンを受けるまでもなく最初からそれができていたのである。

この安室奈美恵の出現によって、私たちもアイドル歌手のダンスの魅力を知るところとなった。歌の際の動きが魅力になる点は、従来のアイドル歌手でも変わりはない。しかしその場合は、教えられたとおりの振り付けを繰り返すだけの場合がほとんどだ。一九七〇年代の森昌子、桜田淳子、山口百恵の「花の中三トリオ」や八〇年代の松田聖子もそうだった。いくら振り付けが魅力的だったとしても、その点、従来のアイドル歌手は根本的に受け身だった。

それに対して、安室奈美恵のダンスは主体的なものである。自分の身体に刻み込んだビートをベースにして「連続した動き」で自らの内にある思いを表現する。それは教えられた動作の単なる反復ではなく、パッションを伴う自己主張である。むろんそれは、沖縄アクターズスクール出身の歌手すべてに共通することだった。

DA PUMPの登場、そしてブレーク

DA PUMPもまた、同じく沖縄アクターズスクールの出身である。まずKEN（一九七九年生まれ）とYUKINARI（一九七八年生まれ）が二人組で活動をしていたところに、SHINOBU（一九八〇年生まれ）、次いでISSA（一九七八年生まれ）が加わり四人組になった。一九九六年のことである。ISSAは幼いころに沖縄アクターズスクールに通っていて子役の活動もしていたが、いったん離れていた。高校生になり、再び通うようになったのである。

当初四人は、KOOZ、そしてBilly The Kidsのグループ名で活動し、地元沖縄ではすでに評判になっていた。そこにデビュー話が持ち上がり、上京。約八カ月に及ぶレッスンを経てDA PUMP（「DA」は「THE」の俗語的表現、「PUMP」は「跳びはねる」の意味）として一九九七年六月に正式にデビューした。

デビュー曲は「Feelin' Good -It's PARADISE-」。ストレートなラブソングだが、いまと変わらぬISSAの伸びやかなボーカル、またラップパートが入るタイミングも絶妙で心地いい。もちろんMVでは、四人のダンスも大きな見どころになっている。これがオリコン週間チャートのトップ20入り。続く二曲目のシングル「Love Is The Final Liberty」（一九九七年）では同チャート初のトップ10入りとなり、DA PUMPはブレークを果たした。

そしてCMソングにもなった軽快なポップチューン「Rhapsody in Blue」（一九九八年）で、一九九八年の『NHK紅白歌合戦』に初出場。以降、二〇〇二年まで五年連続で出場する。当時、ジャ

ニーズ以外の男性アイドルグループがこれほど長く連続出場するのはまれなことだった。

さらにグループ最大のヒット曲になったのが、「if…」（二〇〇〇年）である。別れた恋人への断ちがたい思いを歌った切なさたっぷりのミディアムバラード。特にこの曲では、それまで以上にラップの存在感が増している。サビの部分では、ISSAのボーカルに加えKENのラップがほぼ均等と言っていいほどのパートを与えられ、曲にアクセントと高揚感をもたらしている。この「if…」が収められたベストアルバム『Da Best of Da Pump』（二〇〇一年）もヒットし、ミリオンセラーになった。

ジャニーズとDA PUMP

DA PUMPは、自己主張としてのダンスの魅力を世に知らしめた点で女性アイドル歌手での安室奈美恵と似た役割を果たしたと言えるだろう。ただ男性アイドルの場合は、女性アイドルとは少々事情が異なる。これまでもみてきたように、ジャニーズもまたダンスに対して並々ならぬ情熱を注いできた。海外で長期レッスンを敢行した初代ジャニーズやオリジナルミュージカルを長年上演し続けた少年隊を思い出すまでもなく、ダンスはジャニーズのエンターテインメントの基礎中の基礎にあたるものである。一時期、ジャニーズJr.には歌や演技のレッスンがなくダンスレッスンだけであることが話題になったが、それもまた裏を返せばジャニーズにとってのダンスの重要性を物語る。

では、ジャニーズとDA PUMPのダンスにはどのような違いがあったのか。それはひと言で言えば、舞台とストリートの違いである。

ジャニーズのダンスは、ここまで再三述べてきたように、オリジナルミュージカルなど舞台のための欠かせないスキルとしてある。ジャニー喜多川の指導とプロデュースのもと、アメリカのショービジネスをお手本にしながら、そこにジャニーズ流のアレンジを加えながらかたちづくられてきたものだ。

一方、DA PUMPの場合はストリートダンス、つまり舞台ではなく街路や広場など街中で発達してきたダンスである。ISSAは、四人組時代の当時「もし芸能界に入っていなかったら、今ごろどうしてる?」という質問に対し、「地元の仲間と仕事しながらダンスしていると思う」と答えている(主婦と生活社編『DA PUMP HEAT!!』主婦と生活社、二〇〇一年)。そこには、彼にとってダンスが日常の暮らしのなか、生まれ育った地元のストリートとともにあるものであることがよく表れている。

もちろんストリートダンスはDA PUMPの専売特許ではなく、一九九〇年代から二〇〇〇年代にかけてひとつの大きな潮流になろうとしていた。それはもともとアメリカで生まれたものだったが、当時その波が日本にも及んでいたのである。ストリートダンスの技のひとつとして、背中や肩、頭を軸に回転するブレイクダンスなどが、よくメディアで取り上げられるようになった。

二〇〇四年には、ストリートダンスをフィーチャーした番組『少年チャンプル』(日本テレビ系、二〇〇四―〇五年)も始まった。深夜番組ではあったが、ストリートダンサーの密着企画やランキング発表などがあり、この番組から人気ダンサーも生まれた。ストリートダンスの魅力を一般層に向けて発信するのに貢献した番組であり、ＤＡ ＰＵＭＰもレギュラー出演していた。

こうしたストリートダンスは、それ単独ではなく幅広くアートやファッションの分野まで含んだヒップホップ文化のなかで発展したものだった。ＤＡ ＰＵＭＰの定番ファッションもそこからきたもの。「Ｂ―ＢＯＹスタイル」（「Ｂ」はブレイクダンスからきたもの）と呼ばれ、大きめのサイズの服をざっくりとラフに着こなすスタイルだった。

またラップなども、そうした文化から生まれてきたものである。そして一九九〇年代、ＤＡ ＰＵＭＰ以外にもラップが日本の流行歌の世界に取り入れられ、ヒット曲も誕生するようになっていた。

そうした一連の現象のなかで、新しい不良性の魅力が世の中に浸透していく。そしてその不良性のあり方は結局、ＳＭＡＰなどとはまた異なるスタイルではあったが、自らの生きざまを見せる平成アイドルの流儀とも重なっていた。次節では、そのあたりを男性アイドルの「不良」の系譜という観点とも絡めながらみていきたい。

４　ＤＡ ＰＵＭＰからＥＸＩＬＥへ――新しい「不良」アイドルのかたち

ラップの大衆化

一九九〇年代は、音楽の世界でプロデューサーの存在感がぐんと増した時代だった。小室哲哉やつんく♂、小林武史などは有名だが、DA PUMPのデビュー曲から作詞・作曲、そしてプロデュースを担当したm.c.A・T（富樫明生）もまた、そんなひとりである。

DA PUMP登場の背景にあるヒップホップ文化については前節でもふれたが、m.c.A・T自身もそうした文化の影響を色濃く受けながら、そこに独自のポップ色を加味しようとしたミュージシャンだった。そんな自らの音楽を彼は「J-School Rap」と呼んだ。m.c.A・Tが「Bomb A Head!」で再デビューし、注目されたのが一九九三年。それと軌を一にするように、ラップをフィーチャーしたヒットソングが日本でも生まれ始める。たとえば、小室哲哉はこうしたトレンドに敏感なひとりだったと言える。自らがメンバーになったglobeやプロデュースしたｔｒｆ（ＴＲＦ）などに、ラップパートを担当するメンバーが入っていたのはよく知られるところだろう。

ラップがより前面に出たヒット曲としては、スチャダラパーと小沢健二のコラボ曲「今夜はブギー・バック」（一九九四年）やEAST END × YURIの「DA.YO.NE」（一九九四年）がある。EAST END × YURIは、ヒップホップ系のミュージシャンとしては初めて一九九五年の『ＮＨＫ紅白歌合戦』に出場した。

DA PUMP以降の「不良」アイドルの変化

そもそもヒップホップ文化の根底には、既存の硬直した社会秩序、価値観に対する反発や抵抗がある。その意味で、ストリートダンスやラップは社会常識からはみ出す部分を本質として有するものであり、不良性と結び付く。そして本書では、男性アイドルの二大潮流として「王子様」の系譜と「不良」の系譜があると折にふれて述べてきた。その文脈で言うと、一九九〇年代以降のヒップホップ文化の浸透は、「不良」アイドルのあり方にも当然影響を及ぼした。ひと言で言えば、それはバンドからダンスへの転換だった。

これまでみてきたように、一九六〇年代のGS、八〇年代の横浜銀蝿らツッパリアイドルなど「不良」アイドルの多くに共通するのは、ロックをベースにしたバンド形態で活動していたことである。やはり「不良」アイドルの系譜に属する七〇年代の西城秀樹が、沢田研二と並んで自らのロックバンドを従えて歌っていたことなどもそうだろう。

ところが一九九〇年代以降、不良性を担うものはバンドからダンスになった。むろん八〇年代末に『イカ天』ブームが起こったように人気ロックバンドが出てこなくなるわけではないが、少なくともダンスアイドルの勢いはそれに劣らぬものになった。実際、DA PUMP以降、ヒップホップの影響を多少なりとも受けた人気ダンスユニットが生まれるようになる。

一九九七年には、同じ沖縄アクターズスクール出身のFolderがデビューしている。小・中学生の男女七人からなるグループで、子ども向け番組の『ポンキッキーズ』（フジテレビ系、一九九三―二〇〇一年）などに出演していた。ボーカルのDAICHIが現在ソロで活躍する三浦大知であること、さらに女優の満島ひかりが在籍していたことも比較的よく知られた事実だろう。

DA PUMPと同じ事務所の後輩になるのが、二〇〇一年にデビューしたw-inds.である。三人組の男性グループで、渋谷での路上ライブから活動をスタートさせたことからわかるように、やはりストリート系ダンスやラップを主軸にしたパフォーマンスで人気を集めた。〇一年には日本レコード大賞の最優秀新人賞を受賞、『NHK紅白歌合戦』にも〇二年から六年連続出場を果たしている。

さらにDA PUMPと同じエイベックス・グループのレーベルに所属するAAA《トリプルエー》もいる。オーディションを重ね、二〇〇五年に男女混合の八人組としてデビュー。メンバーのひとりである西島隆弘は、アクターズスタジオ北海道に通っていた。ボーカル&ダンス、ラップに演劇的要素を融合したユニークなステージングで定評がある。「恋音と雨空」（二〇一三年）などは、MVも含めて人気が高い。『NHK紅白歌合戦』には、一〇年から七年連続で出場している。

ヒップホップ系の音楽要素は、時代とともにジャニーズアイドルにも取り入れられるようになっていく。一九九九年にデビューした嵐では、メンバーの櫻井翔によるラップが定番になり、二〇〇六年にデビューしたKAT-TUN《カトゥーン》でも、ラップに加えて中丸雄一のヒューマンビートボックス（口など発声器官を使ってレコードのスクラッチ音やドラムの音などを再現する技術）がパフォーマンスの欠かせない一部になっている。

HIROの軌跡——EXILEの誕生

こうした新しい「不良」アイドルの流れから生まれ、さらにそれを独自に発展させたのがEXILEだったと言えるだろう。

EXILEのデビューは二〇〇一年。そこに至るまでには日本のダンスカルチャーの歴史的変遷があり、それを体現していたのがリーダーのHIROである（以下、彼の経歴についての記述は主に

ＨＩＲＯ『Ｂボーイサラリーマン』〔幻冬舎文庫〕、幻冬舎、二〇〇九年〕に従う）。

　ＨＩＲＯこと五十嵐広行は、一九六九年生まれ。広島県で生まれ、幼いころから横浜で育った。高校に入ってすぐディスコ通いをするようになる。八〇年代半ばの当時はディスコ全盛。彼も横浜だけでなく、週末には渋谷、新宿、六本木のディスコをハシゴする日々だった。その間にダンスミュージックにも目覚めたＨＩＲＯは、貸レコード店の店長で、のちにエイベックスを設立して仕事上のパートナーにもなる松浦勝人に出会っている。

　その後十八歳で彼は有名ディスコのひとつ、マハラジャ横浜店の黒服（従業員）として働き始める。一九八〇年代後半のバブル最盛期のころである。ほとんど寝ずに働きながらも、どんちゃん騒ぎの日々を送っていた。

　そうしたなか、二十歳のときに移籍した六本木のサーカスというディスコでＨＩＲＯはダンスに本格的に取り組むようになる。そのころ流行していたのが、ボビー・ブラウンなどに代表されるブラックミュージックであり、その音楽に合わせてダンスすることに彼は夢中になった。ちょうどそれは、ディスコからクラブへの転換期でもあった。

　そんなある日、ＨＩＲＯは店の宣伝をしてこいという店長の命令で、テレビのダンスオーディション番組に出演することになる。『DA DA L.M.D』（テレビ朝日系、一九八九―九二年）という番組だった。そこで準グランプリを受賞。たまたまそのとき番組で企画されていた新ダンスチームにスカウトされる。チーム名は当初番組タイトルから取った「ＬＭＤ」だったが、のちに「ＺＯＯ」に変わった。一九八九年のことである。

ＺＯＯは男女混合のグループで、ダンスだけでなくボーカルも加わって、一九九〇年にＣＤデビューした（のちにｔｒｆのボーカルとなるＹＵ‐ＫＩも所属していた）。四枚目のシングルとなる「Choo Choo TRAIN」（一九九一年）が「JR SKISKI」のＣＭにも起用され大ヒット。九二年には武道館公演も実現させた。

ＨＩＲＯにとっての一大転機になったのは、そうしてＺＯＯのダンサーとして活躍するなかで訪れたアメリカでのヒップホップとの出会いだった。アメリカの歌手のＭＶで踊るダンサーの動きに魅せられた彼は、本人に会うためにニューヨークに出向き、そこでアンダーグラウンドのクラブを中心に盛り上がっていたヒップホップにふれる。そしてまとまった休みが取れるたびに、ニューヨークに通うようになった。

前節で、ヒップポップは音楽のジャンルというよりは、ひとつのトータルな文化であると書いた。ＨＩＲＯも言う。「ヒップホップという言葉は、いろんな人がいろんな意味で使うが、その母胎《ママ》になったニューヨークの黒人たちにいわせれば、〝魂〟という意味に近い」（同書八六ページ）。ヒップホップで、ダンスと〝生き方〟は一心同体のものであることを彼は身をもって知ったのである。

それ以降、ＨＩＲＯにとってＺＯＯは単なる仕事としか思えなくなっていった。折しも一九九五年、ＺＯＯが解散。彼は、ヒップホップをベースにした新たなグループを組もうと動きだす。そして紆余曲折はあったものの、以前から自身が活動していたJapanese Soul Brothers（ＪＳＢ）にＭＡＴＳＵ、ＵＳＡ、ＭＡＫＩＤＡＩのダンサー三人、それにボーカルのＳＡＳＡを加え、J Soul Brothersを結成。だが九九年にＣＤデビューを果たすも、不発に終わった。

彼らがブレークするのは、ＳＡＳＡに代わってＡＴＳＵＳＨＩとＳＨＵＮの二人がボーカルとして参加し、ＥＸＩＬＥと改名してからである。「月９」の挿入歌になったデビューシングル『Your eyes only～曖昧なぼくの輪郭～』（二〇〇一年）がヒット。さらにアルバム『Styles Of Beyond』（二〇〇三年）がオリコン週間チャートで初めての一位を獲得すると、続く『EXILE ENTERTAINMENT』（二〇〇三年）がミリオンセラーを記録した。同じ二〇〇三年には『ＮＨＫ紅白歌合戦』初出場、翌〇四年には初の武道館公演を実現する。

アーティスト的アイドルとしてのＥＸＩＬＥ

ＥＸＩＬＥに関して特筆すべきは、メンバー自身が出資して会社を設立したことだろう。その社長にもなったＨＩＲＯは、「駆け出しのアーティストである俺たち自身が、タレント事務所を作るなんて前代未聞。本来ならば、あり得ない話ではある」（同書一七五ページ）と述懐している。

有限会社エグザイルエンタテインメントとしてスタートしたその会社は、二〇〇三年に現在も続く株式会社ＬＤＨとなる。ＬＤＨとは、Love（愛）、Dream（夢）、Happiness（幸福）の頭文字を連ねたものである。

この一風変わった社名には、企業としてのある種特殊なあり方が表れている。ＬＤＨは、ＥＸＩＬＥというグループ、そしてメンバー一人ひとりの夢の実現をお互いに尊重し、支援するために作られた。むろん会社であるかぎり利益追求を軽視するわけではないが、それよりもまず、夢の実現のための拠点という意味合いが強い。そこには、当時の日本社会の状況との関連も見て取れるだろう。

二〇〇〇年代前半は、「勝ち組」「負け組」という言葉がメディアに頻繁に登場したように、それまでの「一億総中流」意識が崩れ、格差の拡大が感じられ始めた時期である。そのなかで、個々の力と意思で人生を切り開いていくことが求められるようにもなった。

不良という存在は、こうした状況である意味で輝きを増す。他人に同調するのではなく、むしろ社会からはみ出し、自分で道を切り開こうとするのが不良の本来的なあり方だからである。

もちろん前述のように、ヒップホップもまたそうした志向を内に秘めている。ＥＸＩＬＥがそうした「不良」性をベースにしたものだとすれば、ＬＤＨは、そうした「不良」たちの夢を共有する一種のコミュニティになっている。

このように一人ひとりの夢を会社として実現するという逆説的な選択に、ＥＸＩＬＥの新しさがあった。またdだからこそ、EXILE TRIBE（「ＥＸＩＬＥ一族」）と呼ばれるＥＸＩＬＥを筆頭とする関連諸グループによる音楽、演技などジャンルを超えた展開が可能になったと言えるはずだ。

そうした活動の多面性は、ＨＩＲＯが構想したＥＸＩＬＥの「無形化計画」の帰結でもある。たとえばＥＸＩＬＥのメンバーが入れ替わったとしても、そのストーリーは途絶えないようにする。そのためには、かたちにこだわらずむしろ積極的に新陳代謝を図り、あえてメンバーは固定しない。二〇一三年にＨＩＲＯがパフォーマーを引退したのもその一環だった。

ＥＸＩＬＥはアイドルなのか？、という疑問をもつひともいるだろう。ダンスは自己主張が強い表現であり、その意味ではアーティストと言いたくなる。だがこの「無形化計画」のようなストーリー性重視、言い換えれば成長物語に重点を置く姿勢は、やはりここまで再三述べてきたようにアイドル的でもある。その点彼らは、二〇〇〇年代以降の日本社会にうまく適応したアーティスト的アイドルなのではないだろうか。

第6章　嵐の登場と「ジャニーズ一強時代」の意味
——二〇〇〇年代以降の「国民的アイドル」のかたち

本章では、SMAP以降に登場したジャニーズグループをみていく。そしてそれらの多彩なグループが活躍するなかで、嵐が「国民的アイドル」になっていく過程と歴史的背景、さらに「ジャニーズ一強」と呼べる状況の意味について考えてみたい。

1　TOKIO、V6、KinKi Kids、ジャニーズの群雄割拠時代へ

バンドの系譜を継いだTOKIO

SMAPのデビューに至る経緯について述べた際、ジャニーズJr.のグループとして平家派の存在にふれた。そこに所属していたのが、城島茂と山口達也である。この二人が組んだバンド形態のユニットを、ジャニー喜多川は「TOKIO BAND」と命名した。

その後、城島を中心として国分太一、松岡昌宏、小島啓の三人を加えた「ＴＯＫＩＯ」が結成される。そこに山口達也が再合流、そして長瀬智也がサポートメンバーとして加入。その五人ないし六人編成での変則的活動がしばらく続いた。

結局、ライブなどでは六人だったりしたものの、一九九四年九月のＣＤデビューの際には小島以外の五人が正式メンバーになっていた。デビュー曲は「LOVE YOU ONLY」。オリコン週間シングルチャートでは三位を記録した。さらに、同年の『ＮＨＫ紅白歌合戦』にこの曲で初出場する。デビューからわずか三カ月あまりでの出場は当時の記録だった。

以前、たのきんトリオの野村義男のところでもふれたように、ＴＯＫＩＯはTHE GOOD-BYEや男闘呼組などのジャニーズのバンドの系譜を継いでいた。なかでもＴＯＫＩＯは、デビューから『紅白』に二十四年間連続出場したように息の長さが光る。

ロック系ではない歌謡曲やニューミュージックの作家の楽曲でヒット曲を出したことも、ＴＯＫＩＯの長きにわたる活動を可能にした大きな理由だっただろう。彼らの代表曲と言えば、「AMBITIOUS JAPAN!」（二〇〇三年）と「宙船《そらふね》」（二〇〇六年）を思い浮かべるひとも多いはずだ。ＪＲ東海のＣＭソングにもなった「AMBITIOUS JAPAN!」は作詞がなかにし礼、作曲が筒美京平という歌謡曲黄金期を担ったコンビ、長瀬智也主演の人気ドラマ『マイ☆ボス マイ☆ヒーロー』（日本テレビ系、二〇〇六年）の主題歌だった「宙船」は詞・曲ともにシンガーソングライターの中島みゆき。いずれもオリコン週間シングルチャートで一位を獲得した。

それと並んで、彼らが大衆的人気を集めるのに寄与したのが冠バラエティ番組の成功だった。歌とバラエティの二本柱でアイドルとしての地位を確立していく活動スタイルは、言うまでもなくSMAPが先駆けになって、ジャニーズグループにとってひとつの〝公式〟になったものだった。

ただ、バラエティとひと口に言っても幅は広い。SMAPが歌ありコントありトークありの本格バラエティだったとすれば、TOKIOが活路を見いだしたのは、自ら体を張るロケ中心のバラエティだった。

現在も続く彼らの冠バラエティ番組『ザ！鉄腕！DASH!!』(日本テレビ系)がスタートしたのは、一九九五年。最初は深夜枠で、スタジオトーク中心の内容だった。だが一九九八年に日曜夜七時に移動すると、五人がリレーで駅から発車する電車と競走するといった斬新なロケ企画で人気が高まっていった。そして番組の地位を確立したと言えるのが、二〇〇〇年から始まった「DASH村」の企画である。広大な土地をTOKIOの五人が地元の人びとの協力を得て一から開拓していくという内容は、先人の知恵を紹介しながら自給自足的な生活を実践する面白さだけでなく、農業や大工仕事などへのメンバーの打ち込み具合、その上達ぶりも感動を呼んだ。

V6のオールラウンドな魅力と親しみやすさ

TOKIOの城島、山口、国分と同じく平家派のメンバーだったのが、V6のリーダー坂本昌行である。

V6の結成は、一九九五年。同年開催のバレーボールワールドカップのイメージキャラクターがジャニーズから起用されることが事前に予告され、その後正式発表されたのが坂本、長野博、井ノ原快彦、森田剛、三宅健、岡田准一の六人によるV6だった。グループ名の「V」には「volleyball」や「victory」などいくつかの意味が込められている。

こうしてバレーボールがらみでデビューする手法は、このあともジャニーズの多くのグループに受け継がれていく。またこの大会を中継したフジテレビが絡んだイベントという意味では、以前にもふれた光GENJIのパターンを踏襲したとも言える。厳密にはまったく同じではないが、坂本、長野、井ノ原の年長組にあたる20th Century（トニセン）と年少組になる森田、三宅、岡田のComing Century（カミセン）の二組が合わさったという点も、光GENJIに重なるところがある。

大会のイメージソングであるデビュー曲「MUSIC FOR THE PEOPLE」（一九九五年）は、安室奈美恵によるカバー曲がヒットするなど当時流行していたユーロビート。作詞は秋元康だが、作曲は海外のミュージシャンである。この路線はシングル四枚目の「TAKE ME HIGHER」（一九九六年）まで続くことになる。

その一方でV6には、それとは異なるタイプのヒット曲もある。年齢や性別に関わりなく楽しめ、口ずさめるタイプの楽曲である。玉置浩二作曲による「愛なんだ」（一九九七年）は、V6最大の売り上げを記録。「WAになっておどろう」（一九九七年）は、NHK『みんなのうた』で放送された曲のカバーで、二〇一四年にV6が『紅白』に初出場した際にも披露された。

一人ひとりの個性や経歴をみるとき非常にバラエティ豊かで、全体としてみるとオールラウンドなのもV6の特徴だ。そのなかで、井ノ原快彦が朝の情報番組の司会ぶりが評価され、二〇一五年の『NHK紅白歌合戦』の司会に抜擢された。こうした、楽曲からもメンバーの人柄からも醸し出される親しみやすさがＶ６の大きな武器のひとつだろう。

　その魅力は、彼らの冠バラエティ番組でも存分に生かされた。『学校へ行こう！』は、Ｖ６が中高生など若者を応援するバラエティ。そのため、Ｖ６が直接ロケに出て学校を訪れることも多かった。代表的な企画としては「未成年の主張」がある。訪問した学校の生徒たちがひとりずつ登場し、屋上から校庭に集まった生徒たちに向けて、普段は秘めていたさまざまな思いを叫ぶ。最後は片思いの相手への告白になるのが定番で、その様子をＶ６のメンバーが近くでモニターからやきもきしながら見守り、成功すると駆け寄って祝福する姿には、彼らの飾らない魅力が凝縮されていた。

伝統と新しさを体現するKinKi Kids

　Ｖ６よりも結成は早いが、デビューはそのあとになったのがKinKi Kidsである。一九九三年に結成。同じ七九年生まれの堂本光一と堂本剛によるデュオである。

　二人に血縁関係などはなく、苗字が同じなのはまったくの偶然。グループ名は、光一が兵庫県、剛が奈良県と、ともに近畿地方出身であるところからきている。KANZAI BOYA《カンサイボーヤ》と名乗っていた時期もあった。

　関西出身のグループとしてジャニーズからデビューしたのは彼らが初めてだった。特に剛はダウンタウンの松本人志に憧れるなどお笑いへの関心が強く、互いを漫才コンビさながら「相方」と呼ぶように関西出身ならではの笑いへの意識の高さが持ち味でもある。

　また二人は、ジャニーズの歴史でデュオとして初めてＣＤデビューしたグループでもあった。それ以前からコンサートはもちろん、ドラマ『人間・失格──たとえばぼくが死んだら』（TBS系、一九九四年）や音楽バラエティ『LOVE LOVEあいしてる』（フジテレビ系、一九九六―二〇〇一年）などへの出演ですでに知られた存在になっていた彼らは、一九九七年七月「硝子の少年」で満を持してデビュー。これがオリコン週間シングルチャートで初登場一位になるなど大ヒット、その後も彼らが出すシングルは同チャートの連続一位記録を続け、一気にトップアイドルになった。

二人のキャラクターは対照的だ。光一のほうは王子様タイプで、剛は我が道をいく個性派。ただ彼らの場合、一方で阿吽の呼吸を感じさせる一体感がある。対照的な個性でありながら、強い絆を感じさせる。そんなコンビとしての絶妙のバランスのよさがファンを引き付ける大きな要素になっていると言えるだろう。

キャラクターの違いは、そのまま個人の活動の違いにも表れている。光一は、オリジナルミュージカル「SHOCK」シリーズの主演を長年にわたって務めているように舞台志向が強い。一方、剛はENDLICHERI《エンドリケリー》☆ENDLICHERI《エンドリケリー》の名義などでグループとは切り離した独自のソロ音楽活動を精力的におこなっている。

そこからは、KinKi Kids がジャニーズの歴史で転換期に位置する要の存在であることも見て取れる。

「硝子の少年」の歌声から伝わる切なさや哀愁に典型的に表れているが、デュオとしての二人には王道とも言えるアイドル性が感じられる。それは、初代ジャニーズや郷ひろみ以来、ジャニーズアイドルが連綿と担ってきたものだろう。

ただKinKi Kidsの場合、それだけでは終わっていない。ここまで何度かふれているように、ジャニーズの歴史にはミュージカルとバンドという二つの流れがあり、KinKi Kidsの二人はそれぞれのソロ活動というかたちで双方を体現してもいる。

要するに、彼らはジャニーズの伝統を凝縮し、体現するような存在である。そしてその一方で、初のデュオであり、かつ関西出身者のグループという新しさもある。そう考えるとき、大きな流れのなかで、KinKi Kidsは、ジャニーズがそれまでの歴史をふまえたうえで次のステップに進もうとする転換点のタイミングに登場したグループであるとみることができる。

2 「ジャニーズJr.黄金期」の歴史的意味、そして嵐のデビュー

Jr.黄金期の画期的意義

ジャニーズにとって、その「次のステップ」となったのが、一九九〇年代後半から二〇〇〇年代初めのジャニーズJr.のブーム的人気だった。

ここまでジャニーズJr.については何度かふれてきた。そのなかには、たとえば少年隊のようにメジャーデビュー以前からメディアに露出して人気になるグループもいなかったわけではない。ところが、このブームではJr.のなかのどのグループや個人が、ということではなくジャニーズJr.全体が人気になったという点で前代未聞のことだった。いわゆるJr.黄金期の到来である。

ほぼ同じ時期にKinKi Kidsなどが「YOU、〇〇しちゃいなよ」とジャニー喜多川の口調をまねながらテレビなどでジャニーズのエピソードトークをするようになった。Jr.黄金期は、そうしたことも重なりながら、特定のグループや個人だけでなく「ジャニーズ」という独特の文化を有する集団そのものを応援する時代の到来、いまに続く新しいファン文化の本格的始まりを記す出来事だった。

この黄金期の中心的存在だったのが、総勢百人を優に超えるJr.のリーダーを務めたタッキーこと滝沢秀明である。一九九五年に十三歳で入所するとすぐにドラマ出演するようになり、教師役の松嶋菜々子と禁断の恋に陥る高校生役を演じた『魔女の条件』（TBS系、一九九九年）などで話題を集めた。その後、滝沢は同じくJr.の中心のひとりだった今井翼とのデュオであるタッキー&翼で二〇〇二年にCDデビューすることになる。

このときのJr.のなかには、創設されたばかりの関西ジャニーズJr.のメンバーもいた。なかでも当時人気だったのが渋谷すばるで、抜群の歌唱力も相まって「東のタッキー、西のすばる」と並び称された。ほかにも関西ジャニーズJr.には横山裕、村上信五、丸山隆平、安田章大、錦戸亮、大倉忠義らが所属していて、彼らはその後関ジャニ∞としてCDデビューすることになる。

ほかにも山下智久、生田斗真、風間俊介、小原裕貴など多士済々だった当時のジャニーズJr.の勢いにはすさまじいものがあった。

テレビでは、『ミュージックステーション』のような音楽番組への出演は言うまでもなく、『愛LOVEジュニア』（テレビ東京系、一九九六―九八年）や『8時だJ』（テレビ朝日系、一九九八―九九年）といったJr.の冠バラエティ番組が始まった。『愛LOVEジュニア』の開始がデビュー組であるV6の『学校へ行こう！』よりも早く、『8時だJ』は夜八時というゴールデンタイムの一時間番組だったところに、当時の彼らの人気ぶりがうかがえる。

ライブでも、彼らは圧倒的な観客動員力を誇った。一九九九年十月には、CDデビュー前に東京ドームでコンサートを開催した最初のアーティストになった。さらに二〇〇〇年には、三大ドーム（東京、ナゴヤ、大阪）コンサートを実現するに至る。

嵐、デビュー

そのジャニーズJr.最初の東京ドームのコンサートのときにファンの前でお披露目されたのが、すでにその年のデビューが決まっていた嵐である。相葉雅紀、松本潤、二宮和也、大野智、櫻井翔（当初は「桜井」表記）の五人からなる嵐。リーダーの大野が一九八〇年生まれで、あとの四人はみな八二年から八三年生まれ。比較的年齢が近いメンバーが集まっていると言える。

彼らがジャニーズ事務所に入ったのは一九九四年から九六年にかけて。松本、二宮、相葉の三人はともに九六年の入所である。松本潤は、オーディション時にはジャニー喜多川に会うことができず、「どんなひとなのかなー」と思っていたら、一カ月くらいたって「いつも稽古場をキレイにしてくれていたおじさん」が当人だと知ってびっくりしたという（嵐『アラシゴト――まるごと嵐の5年半』集英社、二〇〇五年、一二三ページ）。

そこから嵐としてメジャーデビューするまで、舞台、映画、ドラマへの出演、さらにJr.内のユニットなど、各自Jr.としての活動を続けた。そしてその時期は、先ほどふれたJr.黄金期におおよそあたっていた。五人もそれぞれJr.のコンサートや音楽番組、前述の『愛LOVEジュニア』や『8時だJ』のようなバラエティ番組に出演、そのブームのただなかにいた。

多くのJr.のなかから選抜されて五人が集められ、嵐としてデビューすることが発表されたのが一九九九年九月のことである。ハワイの客船上での会見という華々しいかたちがとられた。

ただメンバーは、詳細をあまり事前に知らされていなかったようだ。櫻井翔などは、Jr.ではよくある期間限定のユニットだと思って引き受けたと振り返る（同書二四ページ）。また相葉雅紀に至っては、渡航の三日前にジャニー喜多川からハワイ行きを告げられ、自分がデビューすること自体も知らされなかったという。

そうした慌ただしさのなか、一九九九年九月十五日にデビュー発表記者会見はおこなわれた。これが、「世界中に嵐を巻き起こす」『あ』と『A』という最初の文字から始まる名前で頂点に立つ」という願いを込められたグループ、嵐のスタートだった。

デビュー曲「A・RA・SHI」はジャニーズの〝最適解〟

そして一九九九年十一月に発売されたデビュー曲は、タイトルもグループ名そのままの「A・RA・SHI」。同曲は、V6の場合と同じく、フジテレビが中継するバレーボールワールドカップのイメージソングだった。そのことをふまえた応援ソングということもあり、曲調は軽快で、櫻井翔を中心としたラップパートを全面にちりばめながらもキャッチーなメロディーラインが印象的だ。

ラップなど新しい音楽的要素が目立つ一方で、同曲はジャニーズアイドルの王道的楽曲であることも感じさせる。SMAPのデビュー曲「Can't Stop!! -Loving-」（一九九一年）もそうだったが、タイトルどおり一種の自己紹介ソングにもなっているのはその一端だ。「それでも時代を極める そうさボクらは Super Boy!」「体中に風を集めて 巻き起こせ A・RA・SHI A・RA・SHI for dream」といったあたりの歌詞はまさにそうだろう。

またMVをみると、Jr.が多く登場するのも目を引く。その点は、嵐がJr.黄金期を背景に誕生したことをあらためて実感させる。またその際Jr.たちが、バックダンサー（ローラースケートでのパフォーマンスもある）としてだけでなくバックバンド（FIVEというグループ）としても登場しているところも注目すべき点だろう。そこには、繰り返すようにジャニーズエンタメの伝統であるダンス（舞台）とバンドという二つの系譜が巧みに盛り込まれていると言えるからだ。

こうした新しい要素と伝統的な要素を取り入れたきわめてバランスがいい仕上がりには、ジャニーズアイドルのひとつの〝最適解〟をみるような気持ちになる。そして、ジャニーズがKinKi Kids、Jr.黄金期を経て、その歴史の転換点から次のステップに至ったひとつの着地点が嵐だったと感じさせる。そうしたジャニーズらしさだけが理由ではないだろうが、「A・RA・SHI」はオリコン週間シングルチャートで一位を獲得、初動売り上げも五十万枚を突破する見事なヒットになった。

次節では、こうしてJr.黄金期のなか誕生した嵐が、活躍の場を広げて国民的アイドルの地位を獲得していく過程をみていく。そのうえで、そのようになりえた理由をジャニーズの歴史という視点から探ってみたい。

3　国民的アイドルになった嵐、そのジャニーズ史的意味

国民的アイドルになった嵐

一九九九年のデビュー後も、嵐は活動の幅を広げるとともに人気を高め、国民的アイドルと呼ばれるようになっていく。

二〇〇〇年にはファーストコンサートを開催、〇七年にはデビュー前のお披露目の場でもあった東京ドームで単独初公演を実現する。この間、松本潤の発案による可動式の舞台装置ムービングステージを導入するなど、ライブの評判も高まっていった。そして〇八年には五大ドームツアー、さらにジャニーズとしてはSMAPに次いで二組目となる国立競技場でのコンサートを開催する。この国立競技場での公演は、グループ二度目となるアジアツアーの一環でもあった。台湾、韓国、中国などでの公演の開催は、東アジア中心に海外でもジャニーズの人気が広がりつつあったことを示す。嵐はその代表としてのポジションにもあった。

そうして着々と実績を積み重ねていくなかで、二〇〇九年『NHK紅白歌合戦』に初出場。デビュー曲「A・RA・SHI」（一九九九年）、「Love so sweet」（二〇〇七年）をはじめとした四曲のスペシャルメドレーを披露した。それまでジャニーズからはSMAPとTOKIOの二組だけの出場というのが基本的に続いていたが、嵐の出場はJr.黄金期の世代が出演するようになったという点で歴

史的な出来事でもあった。その後、彼らは二〇一〇年には番組史上初となるグループでの司会、さらに一四年には初のトリを務めるなど、『紅白』の中心的存在になっていく。

また繰り返し述べてきたように、SMAP以降、歌手としての活躍以外に冠バラエティ番組をもつことが、ジャニーズグループにとってのひとつの〝公式〟のようになっていた。嵐も例外ではなく、二〇〇一年放送開始の深夜バラエティ『真夜中の嵐』(日本テレビ系、二〇〇一―〇二年)を皮切りにその道筋をたどっていくことになる。

その後『ひみつの嵐ちゃん!』(TBS系、二〇〇八―一三年)でプライムタイムに進出、同じ時間帯に『VS嵐』(フジテレビ系、二〇〇八―二〇年)と『嵐にしやがれ』(日本テレビ系、二〇一〇―二〇年)の二本の冠バラエティ番組をもった。『VS嵐』はスタジオでゲストともにオリジナルゲームを楽しむ番組、『嵐にしやがれ』はメンバーそれぞれのキャラクターや趣味を生かしたロケも含む企画性豊かな番組と色合いは異なるが、プライムタイムで二つの長寿冠番組を抱えている事実自体が、ジャニーズで嵐が占めていた特別なポジションをおのずと物語っている。

五人それぞれの活動

一方で、メンバー個々の活動も盛んだった。

メンバー全員が連続ドラマで主演するなど、俳優としての活動は中心的なものである。なかでも二宮和也と松本潤に関しては、その比重が高い。

Jr.時代から舞台やドラマで経験を積んだ二宮和也は、嵐としてデビューした後にも映画『青の炎』（監督：蜷川幸雄、二〇〇三年）をはじめ多くの映画やドラマに主演し、日本アカデミー賞最優秀主演男優賞など数多くの賞を獲得している。またクリント・イーストウッドが監督した『硫黄島からの手紙』（二〇〇六年）での演技が国際的にも評価されるなど、その演技力には定評がある。

松本潤も同様に、Jr.時代からドラマ、映画、舞台などに出演していた。嵐のメンバーになってからは、『金田一少年の事件簿』（日本テレビ系）の第三シリーズ（二〇〇一年）で連続ドラマ初主演。そして二〇〇二年放送の学園ドラマ『ごくせん』（日本テレビ系）第一シリーズの不良役で大きく注目された。

その後二〇〇五年に、これも学園ドラマの『花より男子』（TBS系）で道明寺司役を演じ、ドラマも大ヒット。続篇『花より男子2（リターンズ）』（二〇〇七年）、さらに映画『花より男子F（ファイナル）』（監督：石井康晴、二〇〇八年）も作られた。それぞれの主題歌「WISH」（二〇〇五年）、「Love so sweet」（二〇〇七年）、「One Love」（二〇〇八年）を嵐が担当し、彼らの代表曲にもなった。櫻井翔が出演した『木更津キャッツアイ』（TBS系、二〇〇二年）の「a DAY in Our Life」（二〇〇二年）や大野智主演『魔王』（TBS系、二〇〇八年）の「truth」（二〇〇八年）なども そうだが、メンバーの出演作の主題歌が代表的ヒット曲になるケースが嵐には目立つ。

相葉雅紀は、特に近年はバラエティを中心としたMCとしての活動が目につく。たとえば、『トーキョーライブ22時――ニチヨルまったり生放送中』（テレビ東京系、二〇一四―一五年）などは、彼の親しみやすいキャラクターをうまく生かした番組だった。また『グッと！スポーツ』（NHK、二〇一六―一九年）のような異分野のゲストを招いた番組も、同じくそのキャラクターが武器になっている。

もともと歌とダンスに秀でている大野智はパフォーマンス面の中心的メンバーだが、一方で個人での活動ではしばしばアートの才を発揮している。アート写真集『FREESTYLE』(M.Co.、二〇〇八年)、『FREESTYLE Ⅱ』(M.Co.、二〇一五年)の刊行、日本や海外での個展の開催など積極的に活動を続け、『24時間テレビ 愛は地球を救う』(日本テレビ系、一九七八年―)のチャリTシャツのデザインを担当したり、『嵐にしやがれ』などテレビ番組の企画でも創作の腕前を披露したりしている。

櫻井翔は、やはりキャスターとしての活動が特筆される。現在も続くニュース番組『news zero』(日本テレビ系、二〇〇六年―)、さらに何度かに及ぶ日本テレビのオリンピック特別番組への出演など、すでにキャスターとしてのイメージは広く浸透している。中居正広のような先達もいるが、国政選挙の開票特番にも登場するなど報道番組でのジャニーズの存在感を高めるうえで彼が果たした役割は大きい。

嵐が示した〝より普通らしい「普通」〟

この櫻井翔のキャスターとしての活動などが典型的だが、嵐全体にも言えることは、いわゆる芸能界の匂いがあまり前面に出てこないことである。そのことが、「普通」であるという嵐の魅力につながっているように思える。

「普通」の魅力。それは以前もふれたように、SMAPがジャニーズにもたらした魅力のかたちでもあった。その意味では、両者は似ている。しかしSMAPの「普通」には、従来のジャニーズアイドルの基本だった「王子様」タイプへの対抗軸という側面がまずあった。彼らはメディアで本音を語り、素の魅力を存分に発揮した。そうして「普通」であることが強調されるなかで、SMAPは社会からいままでにない新鮮なタイプの男性アイドルと受け取られるようになった。

それに対し、嵐はジャニーズアイドルが「普通」であることがすでに当たり前になった時代に誕生した。その意味で、嵐が体現したのは、〝より普通らしい「普通」〟であった。全員がそうだというわけではないが、嵐のメンバーたちは、ある意味ジャニーズであることへのこだわりが薄かった。大野智は、Jr.時代に「芸能界はもういいかな」と思い、一度はジャニーズ事務所を辞めようと考え、その意向を伝えてもいた。絵の関係の仕事に就きたいと思っていたのである。二宮和也も、嵐のデビュー直前に事務所を辞めてアメリカで映画製作の勉強をする決意を固めていた。また櫻井翔は、Jr.時代には学業優先で生活していた。試験のひと月前からは仕事を休んだ。そのため仕事が減ったこともあったが、「それはそういうもんだ」と受け止め、「高校卒業したらジャニーズはやめようかな」と思っていた（同書二四、七八、一〇二ページ）。

進路に悩むことは、彼らに限らず十代の若者にとっては当然ありうることだろう。そのことをとりたてて強調する必要もないかもしれない。だが嵐の場合は、そのようなメンバーの芸能界との距離感、そこから生まれるいい意味でのこだわりのなさがグループの特色になったと思える。

それはたとえば、グループ全体のフラットな関係性に表れている。嵐にはアイドルグループにはつきもののセンターが決まっていない。むろん楽曲ごとに中心になるメンバーはいるのだが、固定されていない。したがって、メンバー間の上下関係も生まれない。

フラットであることは、無個性ということではない。各メンバーの個性は前述したようにしっかりありながら、でも全体として一体感がある、ということである。嵐に関して「仲の良さ」が語られることが多いのも、そのあたりのフラットな関係性を表現したものとみることができるだろう。

こうして、逆説的なことではあるが、〝より普通らしい「普通」〟であり続けることによって、嵐というグループはジャニーズ、ひいては男性アイドルグループの歴史にあまりいなかったユニークな存在として大きな人気を獲得していったのである。

大衆化した「ジャニーズ」の象徴的存在として

そうした嵐の〝より普通らしい「普通」〟という特徴は、ジャニーズと世間の関係が変化した帰結として理解できる部分もあっただろう。

前節で、Jr.黄金期がジャニーズの歴史のなかでもつ画期的な意味合いについて述べた。それは、個別のグループやタレントではなく、「ジャニーズ」というひとつの集合体を応援する文化を定着させた。

集合体としての「ジャニーズ」にはさまざまな側面がある。ジャニー喜多川を先頭にオリジナルなエンターテインメントの確立を目指す集団としての魅力、そうしてできあがったステージや楽曲などの作品がもたらす魅力、またドラマやバラエティ、さらには報道番組にまで出演する多彩な人材の魅力もあるだろう。

だがそれに加えて、年上の先輩であっても「くん」づけで呼ぶようなフラットな関係性の魅力もある。そしてそれは、いま述べたように嵐というグループの基本的な魅力のひとつでもある。要するにJr.黄金期のなかで誕生した嵐は、社会に浸透し、大衆にとってより身近に感じられるようになった「ジャニーズ」という集合体の象徴なのである。

こうして嵐、そしてもう一方でSMAPが変わらない存在感を発揮するなかで、二〇〇〇年代から一〇年代にかけて、さらに新しいジャニーズグループが次々とCDデビューする。それはまさに「ジャニーズ一強時代」とも呼べる状況を私たちの目の前に現出させることになる。次節からは、そのあたりの様子をみていきたい。

4　NEWS、関ジャニ∞、KAT－TUN、二〇〇〇年代以降のジャニーズ

実験的グループとしてのNEWS

嵐以降も、Jr.黄金期のJr.がメンバーに入ったグループのメジャーデビューがあった。

NEWSは、二〇〇三年に九人組でCDデビュー。中心になったのは山下智久で、そこにすでに関ジャニ8（のちに関ジャニ∞に改名）として活動していた錦戸亮など関西からも二人が加わる構成だった。またのちにロックバンド、ONE OK ROCKのボーカル・Takaとして有名になる森内貴寛もいた。

デビューはジャニーズにとって定番化しつつあった、バレーボールワールドカップのイメージソング。ただその楽曲「NEWSニッポン」（二〇〇三年）は、大手コンビニエンスストアチェーンでの独占販売という方式がとられ、通常のCDショップなどでは取り扱われなかった。関東と関西のメンバーが混在している点もそうだが、NEWSはジャニーズの実験的な要素を感じさせるグループである。

その難しさもあったのかはわからないが、山下智久と錦戸亮の脱退などがあり、二〇一一年からは小山慶一郎、加藤シゲアキ、増田貴久、手越祐也の四人で活動を続けた。

増田と手越はそれぞれの特技やキャラクターを生かしてバラエティやドラマなどで活躍し、またテゴマスとして二人のユニットでの歌手活動もあった（ただし、手越は二〇二〇年にジャニーズ事務所を退所）。

小山と加藤は、〝知性派ジャニーズ〟とも言うべき立ち位置での活躍が目立つ。小山は『news every.』（日本テレビ系、二〇一〇年―）でキャスターを務め、加藤は小説家として二〇二〇年には直木賞候補にもなった。また二人がメインで世の中の諸問題について自ら取材し、考える異色の社会派バラエティ『NEWSな2人』（TBS系、二〇一六年―）もある。

このあたりは、ジャニーズでも高学歴化が進んでいることと無関係ではないだろう。嵐の櫻井翔などもそうだが、さらに最近はSnow Manの阿部亮平のように大学院に進学し、難関とされる気象予報士の資格も取るようなケースも出てきた。そのことが、ジャニーズ全体の活動の幅を広げる要因にもなっている。

関ジャニ∞の多面性

嵐、ＮＥＷＳと並び、Jr.黄金期から生まれたグループと言えるのが、関ジャニ∞である。彼らは、きわめて多面的な魅力を備えたグループだ。関ジャニ∞は、関西ジャニーズJr.から二〇〇四年にＣＤデビュー。現在は横山裕、村上信五、丸山隆平、安田章大、大倉忠義の五人だが、当初のメンバーは八人。もちろん全員が関西地方の出身であり、滝沢秀明と並び称された渋谷すばるをはじめ、Jr.黄金期をそれぞれに経験したメンバーだった。

デビュー曲は「浪花いろは節」。タイトルどおり、ラップが入るなどいまふうの要素がありながらも演歌テイストが入った楽曲である。美空ひばりの楽曲を一部使用した「お祭り忍者」で一九九〇年にデビューした忍者というグループもあったように、歌謡曲をリスペクトした楽曲づくりはジャニーズのひとつの伝統だが、やはりジャニーズのなかで異色のデビュー曲であることには変わりない。

一方で、Jr.時代を含めてバンドスタイルでの活動が多いのも関ジャニ∞の特徴である。ＣＤデビュー後もグループ内ユニットとしてバンド形態のものがある。音楽バラエティ『関ジャム　完全燃ＳＨＯＷ』（テレビ朝日系、二〇一五年―）で披露される演奏姿もおなじみだろう。その点、ＴＯＫＩＯなどと並び、ジャニーズのバンドの系譜を継ぐ貴重なグループのひとつでもある。

またグループ内ユニットに漫才コンビがあるのも、関西出身の彼らららしい。そのあたりのお笑い志向は、KinKi Kids の系譜を継いでいると言える。

ＭＣで活躍する村上信五など個人でもそうだが、それはグループ全体についても当てはまる。関ジャニ∞のグループとしてのバラエティスキルの高さは、ジャニーズのなかでも屈指だろう。定番的なものからユニークなものまで多彩なバラエティ企画をこなす冠番組『関ジャニ∞クロニクル』（フジテレビ系、二〇一五年―。二〇年に『関ジャニ∞クロニクルＦ』にタイトル変更）をみても、それは明らかだ。

「不良」系ＫＡＴ－ＴＵＮの登場

二〇〇六年にＣＤデビューを飾ったのがＫＡＴ－ＴＵＮである。現在は亀梨和也、上田竜也、中丸雄一の三人で活動する彼らだが、当初のメンバーは六人。Jr.時代の二〇〇一年に結成され、その後単独コンサートも開催。観覧希望者が殺到してニュースになるなど、すでにかなりの人気になっていた。

さらにこれもジャニーズ伝統の手法だが、学園ドラマ『ごくせん』の第二シリーズ（二〇〇五年）にメンバーの亀梨和也と赤西仁が不良生徒役で出演。ドラマのヒットとともに、一気にその存在も世に知られるところとなる。さらに亀梨は、同年放送の学園ドラマ『野ブタ。をプロデュース』（日本テレビ系、二〇〇五年）では主演に。共演の山下智久とのユニット「修二と彰」が歌った主題歌「青春アミーゴ」（二〇〇五年）はミリオンセラーの大ヒットになった。

そして二〇〇六年の三月、ＫＡＴ－ＴＵＮは満を持してデビュー。直前にはＣＤデビュー前としては史上初となる東京ドームでの単独ライブを開催するなど、異例の盛り上がりを見せた。デビュー曲「Real Face」はオリコン週間シングルチャート初登場一位だっただけでなく、三週連続一位を記録するなど爆発的にヒットした。初週売り上げは七十五・四万枚。これは、二〇二〇年にSixTONESとSnow Manのデビューシングルが破るまで、ずっと新人ジャニーズグループの記録だった。

ＫＡＴ－ＴＵＮが興味深いのは、二〇〇〇年代以降にＣＤデビューしたジャニーズグループのなかでもかなり異質なことに、男性アイドルの系譜のひとつである「不良」性を前面に押し出したグループだったという点である。「Real Face」のパフォーマンスでも、ラップやヒューマンビートボックスを織り交ぜながらワイルドに歌い踊る姿は、ダークな色合いの衣装なども相まって「不良」性のギラギラした魅力を強烈に発散するものだった。

「不良」アイドルの変容

以前にも述べたように、ジャニーズでは、一九八〇年代のたのきんトリオのひとりである近藤真彦やロックバンドとしてブレークした男闘呼組が、代表的な「不良」タイプのアイドルである。そこには、田原俊彦や光ＧＥＮＪＩなど「王子様」タイプのアイドルに対抗するという構図があった。対照的な二つのタイプが競い合うことで、その相乗効果によってジャニーズ全体の人気も高まっていった。

ただし、二〇〇〇年代にはすでにそうした構図は変化していた。「不良」に対するのは、「王子様」ではなく「普通」になった。グループによる個性の違いはあるにせよ、ＳＭＡＰや嵐をはじめとして、一九九〇年代以降には「普通」であることがジャニーズアイドルの基本になったからである。そのなかで「不良」系のジャニーズアイドルとして異彩を放ったのが、KAT－TUNだった。

その場合、「王子様」に対抗していたときのように、見た目などでのわかりやすいコントラストはあまりない。むしろ「不良」タイプのアイドルにとって重要なのは、生きざまそのものになる。そのあたりは、同時期に登場したEXILEにも共通する。社会の常識にただ従うのではなく、自分流の生き方を突き詰めることが「不良」性の証しになるのである。

KAT－TUNは、結成当初六人だったメンバーが相次ぐ脱退によって三人になった際、一年八カ月のあいだ活動を休止した。アイドルグループで、こうした長期の「充電期間」をとるケースは珍しい。彼らがそうすることを選んだ理由は、二〇一八年の活動再開時、メンバーの上田竜也が語った「三人で生きていこう、という気持ちになりました」(「日刊スポーツ」二〇一八年一月一日付)という言葉に集約されているように思える。「充電期間」は、彼らが自分自身の、そしてグループとしての生き方を突き詰めるための時間だったのだろう。その姿勢には、「Real Face」の「ギリギリでいつも生きていたいから」「リアルを手に入れるんだ」という印象的なフレーズを思い起こさせるものがある。

裏を返せば、二〇〇〇年代以降アイドルとして「不良」を貫くのは容易なことではなくなった。KAT－TUNの軌跡はそれを物語る。だがそのために、その存在は貴重でもある。

5　「ジャニーズ一強時代」が意味するもの——Hey! Say! JUMPから二〇一〇年代へ

Hey! Say! JUMPのフラット感

二〇〇六年のKAT－TUNに続いて、〇七年にCDデビューしたのがHey! Say! JUMPである。グループ名にもあるように、メンバー全員が一九九〇年代つまり平成生まれという点も話題を呼んだ。現在は山田涼介、知念侑李、中島裕翔、岡本圭人、有岡大貴、髙木雄也、伊野尾慧、八乙女光、藪宏太の九人だが、結成当初のメンバーは十人。年少組五人のHey! Say! 7と年長組五人のHey! Say! BESTというグループ内ユニットがあり、その点、光GENJIやV6に似たところもある。

バレーボールワールドカップのイメージソング「Ultra Music Power」（二〇〇七年）がデビュー曲。繰り返しになるが、これもV6以来、ジャニーズグループではおなじみになったパターンである。同曲は、オリコン週間シングルチャートで初登場一位を記録。また同年に初のコンサートを東京ドームで開催する（平均年齢としては史上最年少記録だった）など、華々しいスタートを切った。

Hey! Say! JUMPには、嵐にも通じるメンバー間のフラットな関係性が感じられる。年少組と年長組という区分けが当初存在したにもかかわらず、そこにはっきりした線引きや上下関係などは感じられない。

グループのセンターを務める山田涼介をめぐっても、そういう部分がある。嵐ではセンターが決まっていないことは前にふれたが、Hey! Say! JUMPの場合は山田がずっとセンターのポジションにいる。ただずっとそうだったわけではなく、たとえば「Ultra Music Power」では、Jr.時代からドラマでも活躍していた中島裕翔がセンターだった。

要するに、センターも最初から固定されていたわけではない。山田涼介自身、バラエティではいじられキャラになることも少なくない。そしてそこがまた魅力にもなっている。また中島裕翔も、現在ではドラマや映画などで主演級の俳優として活躍している。さらに一般的には比較的目立たなかったメンバーの伊野尾慧が、ジャニーズの先輩などから「かわいい」と言われたことをきっかけにブレークし、〝伊野尾革命〟と呼ばれた。

このようにHey! Say! JUMPの場合、フラットな関係性のなかにも競争の要素がうかがえる。そこにはやはり、嵐のブレークの背景としても前に述べたように、Jr.も含めたジャニーズという集合体に対する社会の注目度のいっそうの高まりがあるだろう。入所の時期、ライバル関係、グループを超えた交流などから生まれるメンバーのストーリーがより広く知られるようになり、ブレークのきっかけも多様になっているのである。

二〇一〇年代デビューのジャニーズたち

二〇一〇年代になってメジャーデビューしたジャニーズグループにも、多かれ少なかれそうした側面がうかがえる。一一年にCDデビューしたKis-My-Ft2《キスマイフットツー》は、北山宏光、千賀健永、宮田俊哉、横尾渉、藤ヶ谷太輔、玉森裕太、二階堂高嗣の七人グループ。グループのなかでの前列と後列の

〝格差〟を逆手にとってグループ全体の知名度を増していった。パフォーマンスの際に目立たないことが多い後列のメンバーが、中居正広のプロデュースによって舞祭組《ブサイク》というユニットを結成してCDデビュー。自虐的な笑いを交えながら自分たちをアピールすることに成功した。

またアクロバットを得意とし、二〇一二年にジャニーズ初のDVDによるデビューを果たしたA.B.C-Zは橋本良亮、戸塚祥太、河合郁人、五関晃一、塚田僚一の五人。Jr.としての在籍年数が長かったメンバーが多く、〝苦労人〟としてしばしばそのことが話題にされる。メンバーの河合郁人がほかのジャニーズメンバーのダンスやちょっとしたしぐさの物まねなどで注目されているのも、そうした経歴を生かしての一面がある。

同時にジャニーズの伝統を引き継いでいくようなグループのデビューもあった。二〇一四年CDデビューのジャニーズWESTは、重岡大毅、桐山照史、中間淳太、神山智洋、藤井流星、濵田崇裕、小瀧望の七人。グループ名どおり関西ジャニーズJr.のメンバーで結成された。KinKi Kids、関ジャニ∞と受け継がれてきた関西出身者によるグループの系譜である。デビュー曲「ええじゃないか」も、関ジャニ∞などに通じるところがあるお祭りソング。こうした歌謡曲的テイストを巧みに盛り込んだ楽曲は、関西出身ジャニーズのトレードマークのひとつにもなっている。

一方で、ジャニーズの原点である「王子様」路線復活の任を担うようなグループも二〇一〇年代になって登場してきた。中島健人、菊池風磨、佐藤勝利、松島聡、マリウス葉の五人からなるSexy Zoneは、二〇一一年に「Sexy Zone」でCDデビュー。同曲は、バレーボールワールドカップのイメージソングだった。そして何よりもお披露目の場では赤いバラを手にして登場するなど、久しくいなかったジャニーズの正統派「王子様」路線のアイドルだった。ただ、それまでと違うのは、中島健人のように「王子様」であることを巧みに自己プロデュースし、いまの時代に合ったエンタメ性を加味しているところだろう。

二〇一八年に「シンデレラガール」でCDデビューを果たしたKing&Princeも、グループ名が示すように「王子様」路線を担うグループのひとつである。Jr.時代に結成された「Mr.King vs Mr.Prince」というグループが出発点で、それぞれ三人組のユニットであるMr.King（平野紫耀、永瀬廉、髙橋海人）とMr.Prince（岸優太、神宮寺勇太、岩橋玄樹）が競い合うという構図があった。ここでも平野紫耀の天然キャラがクローズアップされるなど、同じ「王子様」でも一味加えられているのがいまふうだ。

「ジャニーズ一強時代」は何を意味するのか

こうして、「ジャニーズ一強時代」とも呼べる状況がもたらされた。メジャーデビューした十以上のグループが同時に現役で活動を続けるというジャニーズ史上でも未曾有の状況が現出したのである。これは、男性アイドル史という大きな文脈からみて何を意味するのだろうか。

まずあらためて確認しておくと、一九六〇年代以来、男性アイドルには大きく分けて「王子様」と「不良」の系譜がある。ただ九〇年代にSMAPが登場すると、そのどちらでもない「普通」という新たな系譜が加わった。嵐もまたその系譜を継いで独自に発展させ、「普通」の系譜をより強固なものにした。その文脈で言うと、「ジャニーズ一強時代」とは、そうした第三勢力である「普通」のアイドルが主流になった黄金期とみることができるのではないだろうか。

そのことをふまえて考えると、「ジャニーズ一強時代」が訪れたひとつの理由としては、アイドルが終わらないものになったことがあるだろう。そういう面がいまもなくなったわけではないが、かつてはアイドルとは思春期特有の存在だった。思春期という子どもから大人への過渡期に目覚める恋愛感情の疑似的な対象、それがアイドルだった。

ところが一九九〇年代、つまり平成の時代に入ると、次第にアイドルは単なる疑似恋愛の対象ではなく、人生をともに生きる存在になっていく。そのようなアイドルのあり方をもたらしたのが、SMAPだった。アイドルは、年齢に関係なく応援していいものになった。それはアイドルの側も同様で、アイドルもまた年齢を理由にアイドルであることを終える必要がなくなった。だからこそ、世代が異なる十以上ものジャニーズグループが同時に活躍できるようになった。

もうひとつの理由としては、アイドルの主たる活躍の場をテレビとする私たち世間の側のとらえ方があるだろう。「ジャニーズ一強時代」と言うとき、私たちは判断基準をテレビでの活躍に置いていると思える。もちろん、ジャニーズはミュージカルやコンサートにも大きく力を割いている。むしろジャニーズ事務所設立の経緯から言えば、そちらのほうがメインとみることもできる。ただ、男性アイドルはジャニーズばかり、と私たちが感じるとき、かなりの部分でそれはテレビでの活動の広がりによってそう判断しているのではないだろうか。

実際、一九九〇年代以降テレビでのジャニーズの活動はきわめて多彩なものになった。音楽番組は言うまでもなく、ドラマ、バラエティ、スポーツ、そして報道・情報番組とほとんどあらゆるジャンルの番組でジャニーズの姿を見るようになった。そこには当然業界の事情などもあるだろう。だが本質的には、日常生活と密着したメディアであるテレビと「普通」になったジャニーズアイドルとの相性のよさがあるにちがいない。素の姿を見せることをいとわず、それぞれの個性に応じて得意分野に真剣に打ち込むジャニーズは、テレビ向きの存在なのである。

「普通」の時代、「不良」と「王子様」が抱えるそれぞれの困難

しかしながら、そこにはある種の弱点もある。それは、「普通」であることがスタンダードになればなるほど、「不良」や「王子様」といった男性アイドル元来のタイプの活躍が容易ではなくなることである。

「不良」タイプに関しては、以前にふれたようにEXILEのようなアーティスト的アイドルが多くを担うようになっている。彼らは狭い意味でのアイドルとは言いがたいかもしれないが、そのことで逆に「不良」タイプのアイドルを求める層の受け皿になりやすくなっていると言えるだろう。

「王子様」タイプのアイドルも、音楽番組だけならいいが、現在のようにテレビ全般に活動の場が広がっている時代では意外に立ち位置が難しい。やはり〝王子様〟は常に手の届かないところにいないと成立しにくいのに対し、テレビはどんな存在も手の届きそうなところに近づけようとするメディアだからだ。

では、これから男性アイドルの世界はどうなっていくのか。次章では、そのあたりを考えてみたい。

第7章　ジャニーズのネット進出、菅田将暉とBTSが示すもの
――二〇一〇年代という新たな変革期

本章では、ここまでの話の締めくくりとして二〇一〇年代から現在にかけての男性アイドルについてみていく。特にジャニーズのネット進出の本格化、菅田将暉ら若手俳優の台頭、Ｋ―ＰＯＰグループの人気といった点から、男性アイドルの現在の状況、そして変化の兆しに注目してみたい。

1　ジャニーズのネット進出、新たなジャニーズJr.の時代

ジャニーズのネット解禁

ここまで述べてきたように、ジャニーズはテレビとともにその地位を築いてきた。もともとは舞台、とりわけオリジナルミュージカルへの夢が出発点だったとしても、そこにテレビというもうひとつの場があることでジャニーズは今日のような影響力を有する存在になったと言えるだろう。舞

台とテレビは、いわばジャニーズという車の両輪だった。

一方で、そういう歴史もあってか、ジャニーズはわりと最近までインターネットという場に関心を示してこなかった。むしろ、肖像権保護などの理由からネットに対して厳しく一線を引いてきた。たとえば、数多くの雑誌の表紙を毎号のように飾るジャニーズだが、その画像がネットで紹介される際にはジャニーズのタレントのところだけマスキングされて映っていないようなことが続いていた。

しかし、そんな状況も徐々に変わってきた。少しずつネット上での写真が解禁され始め、二〇一八年一月には記者会見や舞台あいさつなどの写真も条件付きではあるが解禁された。その間、ネットドラマにジャニーズ所属のタレントが出演することもあった。この一連の流れに、ジャニーズファンのあいだからは少なからず驚きの声があがっていたと記憶する。

「ジャニーズJr.チャンネル」の開設

さらにそれにとどまらず、より大きな時代の転換を感じさせるような出来事があった。同じ二〇一八年三月、ジャニーズ事務所が「YouTube」に公式チャンネル「ジャニーズJr.チャンネル」を開設したのである。同チャンネルでは、ジャニーズJr.の五つのグループがそれぞれ担当曜日を決めて、一週間に一度、定期的に動画を配信する。内容はパフォーマンスを見せるもの、バラエティ的なもの、メンバーそれぞれの素顔を見せるものなど、なんでも自由。企画自体も各グループのメンバーが話し合って立案し、そのミーティングの様子が動画としてアップされることもある。開設時点で担当になったのは、Snow Man、Travis Japan、SixTONES、美 少年（開設時は東京B少年）、HiHi Jetsの五組だった。

この背景には、アイドル界全体のネット戦略の重要性の高まりがある。アイドルの基本的魅力は、親近感にある。その点をふまえれば、テレビよりもいっそう身近さを醸し出しやすいネットがアイドルにとって相性がいいメディアであることは明らかだろう。

ただこの点に関しては、女性アイドルのほうが先んじていた。たとえば、ＡＫＢ48などのＡＫＢ48グループでは、ジャニーズよりもかなり早くからＳＮＳや動画配信の活用を始めていた。そこから「YouTube」のメイク動画が評判になったＮＭＢ48・吉田朱里のように、動画や生配信がきっかけで注目されるメンバーも現れた。

ジャニーズのネット進出が遅れた理由としてひとつ考えられるのは、ジャニーズならではの「遠さ」の魅力の部分である。前にも述べたように、一九九〇年代のＳＭＡＰのブレーク以降「普通」の魅力が支持されるようになってからはそうした面はあまり目立たなくなったとはいえ、「王子様」としての魅力はジャニーズにとって変わらず本質的なものである。だとすれば、テレビよりもさらに「近さ」を感じさせるネットとジャニーズの相性は必ずしもよくはない。

しかし、現在のジャニーズJr.やそのファンに多い十代から二十代中盤くらいの世代は、物心ついたときにはネットの存在がすでに当たり前だった「デジタルネイティブ」と呼ばれる世代である。ユーチューバーのような存在に憧れるそうした世代にとって、ネットでのアイドルの活動もごく自然なものとして受け止められているに違いない。そこにひとつ、ジャニーズJr.を中心にジャニーズのネット解禁が進んだ理由があるだろう。

そうしたなかで、「遠さ」と「近さ」のジレンマを解消する試みもすでに始まっている。ジャニーズJr.によるVチューバー（バーチャルユーチューバー）の試みである。

二〇一九年二月から視聴者とリアルタイムで交流ができるストリーミングサービスSHOWROOMで、ジャニーズJr.のユニット・なにわ男子のメンバーである藤原丈一郎と大橋和也がそれぞれ「海堂飛鳥」と「苺谷星空《いちごやかなた》」と名乗り、Vチューバーとして活動するプロジェクトが始まった。Vチューバーとは、人間の声と動きに合わせて動く3Dのバーチャルキャラクターのこと。この場合は、見た目はアニメーション化された美少年だが、声と動きは藤原と大橋本人である。これであれば、顔は出さない王子様的「遠さ」とインターネットの特質である「近さ」の両方が同時に確保されることになる。

SixTONESとSnow Manの同時メジャーデビュー

ジャニーズのネット解禁がジャニーズJr.中心のものになった理由は、もうひとつ考えられる。それは、Jr.黄金期の再来を狙うジャニーズの戦略である。

そこには、滝沢秀明の存在がある。タッキー&翼、数々のテレビドラマ、さらに舞台『滝沢歌舞伎』などを通じて第一線で活躍を続けてきた滝沢は、二〇一八年末をもって芸能活動を引退し、ジャニーズJr.の育成や舞台、コンサートなどのプロデュースに専念することになった。現在はジャニーズ事務所副社長、ならびにジャニーズJr.のプロデュースを主業務とする関連会社ジャニーズアイランドの社長である。

ここにも「ジャニーズJr.」というワードが出てくるが、彼自身Jr.黄金期を再現することが今後の目標であると明言もしている。自分たちが経験した黄金期が「すごくいい風景」に見えていたと語る滝沢にとって、それがジャニーズのひとつの理想の姿なのだろう（『ＴＯＫＩＯカケル』フジテレビ系、二〇二一年――。二〇一八年十二月十九日放送分での発言）。

その理想とも関連していそうなのが、二〇二〇年一月のSixTONESとSnow Manの同時メジャーデビューである。二組同時というのは、ジャニーズ初のことだった。

デビュー曲の発売形式も、異例だった。SixTONESのデビュー曲「Imitation Rain」とSnow Manのデビュー曲「D.D.」は、別々のものとしてではなく両A面シングルとして発売された。SixTONESがメインの通常盤にはSixTONESのカップリング曲、Snow Manがメインの通常盤にはSnow Manのカップリング曲が収録されるなどどちらかが主になったものを選べる一方で、両グループを一体に扱うようなかたちがとられたのである。オリコン週間シングルチャートでは合算で初週百三十万枚を売り上げて一位。デビューシングルが初週でミリオンセラーになるのは史上初の記録だった。こうした手法は、両グループをライバルとして競わせようとしていると同時に、ジャニーズJr.としての運命共同体的な面を強調しているようでもある。

先ほど述べたように、この両グループはいずれも「ジャニーズJr.チャンネル」開設当初の担当だった。また前出のジャニーズアイランドが運営するサイト「ISLAND TV」はジャニーズJr.のライブや動画を配信する、いわばジャニーズJr.に特化したサイトだが、興味深いことにSixTONESと

Snow Man のコンテンツは目下のところメジャーデビュー後もアップされている（二〇二一年一月二日現在）。そうした点をみても、SixTONES と Snow Man の同時メジャーデビューは、ジャニーズJr.を中心にした新たなジャニーズの展開と連動したものであることがうかがえる。

ジャニーズJr.の活況

実際、ジャニーズJr.には現在十を超えるユニットが存在してしのぎを削り、それとともにジャニーズJr.全体も活況を迎えている。

二〇一九年八月には、ユニット十二組を含む総勢三百人以上のジャニーズJr.が出演する東京ドームコンサートが開催された。単独公演としては約十九年ぶり、さらにジャニーズ初となるネットでの全編生配信もおこなわれた。SixTONES と Snow Man の同時メジャーデビューが発表されたのもこの場でのことだった。

そしてジャニー喜多川亡きあと、そうしたジャニーズJr.全体の育成・プロデュースを担当するのが滝沢秀明ということになる。もちろん、それ以前から滝沢はさまざまなかたちでジャニーズJr.の育成・プロデュースを担ってきた。SixTONES と Snow Man も例外ではない。SixTONES にとって初のMVになった「JAPONICA STYLE」（二〇一八年）は、滝沢が初めてMVのプロデュースをしたものだった。また、Snow Man は長年『滝沢歌舞伎』に出演するなど、滝沢とともに活動することが多かったグループである。

では、こうした新しい動きのなかで「ジャニーズ一強時代」ともみえる現在の状況は今後どうなっていくのだろうか。それを考えるには、おそらくジャニーズだけではなく、いまの男性アイドル全般が置かれている状況をもう一度ふまえる必要がある。次節は、そのなかの注目すべきひとつの現象として、近年の若手俳優のアイドル的立ち位置に話を進めてみたい。

2　新しいソロアイドル、菅田将暉ら若手俳優の台頭

福山雅治、星野源、北村匠海……、〝演技する歌手〟の時代

歌手の世界ではジャニーズをはじめとしてグループアイドルが全盛だ。そうしたなか、かつては主流だったソロアイドルの役割を担っているのが、近年続々と台頭している若手俳優ではないだろうか。

「アイドル＝歌手」という常識は、一九八〇年代まで根強いものがあった。ただ前に書いたように、学園ドラマの出演をきっかけにアイドル的な人気を集める中村雅俊のような俳優もいた。森田健作や石橋正次などもそうだったが、彼らは俳優を本業とする一方で歌も歌ってヒットを飛ばし、歌手としても存在感を発揮した。それはさかのぼれば石原裕次郎や小林旭などにも共通するが、いずれにせよ彼らは〝歌う俳優〟として活躍した。

一九九〇年代に入り、同じ兼業でも逆のタイプの存在が頭角を現す。つまり、〝演技する歌手〟である。彼らは、いま挙げたような俳優と比べれば、明白に音楽により多くの比重を割いた活動を

展開した。

その先駆的存在は、福山雅治だろう。一九六九年生まれで九〇年に「追憶の雨の中」で歌手デビューした彼にとって、まずミュージシャンとしての活動がベースにあった。デビュー前から九州の「めんたいロック」に心酔していた長崎出身の福山が『あしたがあるから』(TBSテレビ系、一九九一年)で初めて連続ドラマに出演することを決めたのも、ARBのボーカルだった石橋凌が出演するからというのが理由のひとつだった(「総力特集 福山雅治」「別冊カドカワ」〔「カドカワムック」第三百十一号〕、角川マーケティング、八四—八六ページ)。

その結果、ミュージシャン業と俳優業の相乗効果も生まれた。一九九三年放送の『ひとつ屋根の下』(フジテレビ系)の「チイ兄ちゃん」役でブレークすると、九四年発売の「IT'S ONLY LOVE／SORRY BABY」で初のオリコン週間シングルチャート一位を記録。さらにその次にリリースした「Hello」(一九九五年)は同チャート初登場一位を記録、二曲続けてのミリオンセラーになった。そして現在に至るまで、歌手と俳優の両輪での活動は続いている。

同じことは、星野源にも当てはまるだろう。一九八一年生まれの星野源は、まずインストゥルメンタルバンドSAKEROCKのメンバーとして二十歳で音楽活動を始めた。同時に演劇にも興味をもっていた彼は、二〇〇三年に劇団・大人計画の『ニンゲン御破産』に出演して以降、俳優としても本格的に活動するようになった(星野源『働く男』〔文春文庫〕、文藝春秋、二〇一五年、一九九ページ)。

その後、二〇〇七年にドラマ『去年ルノアールで』(テレビ東京系)、一三年に映画『箱入り息子の恋』（監督：市井昌秀）でともに初主演、一方で一五年には『ＮＨＫ紅白歌合戦』初出場といったように歌手業と俳優業を両立させてきた。そしてその兼業スタイルが大きく実を結んだのが、一六年放送のドラマ『逃げるは恥だが役に立つ』（ＴＢＳ系）である。そこで星野源は、新垣結衣演じる森山みくりと契約結婚での共同生活を送る津崎平匡役を好演すると同時に、主題歌「恋」も歌い大ヒット。ドラマのエンディングで出演者たちが踊る「恋ダンス」とともに社会現象的人気となった。

この系譜を継ぐ直近の存在としては、北村匠海がいる。北村は一九九七年生まれで、二〇一一年に結成されたダンスロックバンドDISH//のボーカル兼リーダー。子役時代からの俳優歴も長いが、一七年公開のヒット映画『君の膵臓を食べたい』の主演で大きく注目された。さらに、二〇年にはDISH//として歌った「猫」が「YouTube」動画をきっかけに大ヒットし、歌手としての存在感もぐんと増している。

特撮ドラマという登竜門

一方、最近の若手俳優の登竜門になっているのが、ライダーもの（「仮面ライダーシリーズ」〔テレビ朝日系ほか、一九七一年―〕）や戦隊もの（「スーパー戦隊シリーズ」〔テレビ朝日系ほか、一九七五年―〕）などの特撮ドラマだ。

二〇〇〇年代後半から一〇年代に時期を絞ってみても、特撮ドラマ出身で現在活躍する俳優は枚挙にいとまがない。主だったところだけでも、ライダーものでは佐藤健、瀬戸康史、菅田将暉、福士蒼汰、吉沢亮、竹内涼真、磯村勇斗、戦隊ものでは松坂桃李、千葉雄大、山田裕貴、竜星涼、志尊淳、横浜流星など、錚々たる顔ぶれが並ぶ。

たとえば志尊淳のようにデビューは二・五次元の舞台であるなど経歴はさまざまだが、特撮ドラマが若手俳優に対するメディアや視聴者からの注目が集まる場になっていることは間違いない。実際、いま挙げた俳優たちは、いまや軒並み映画やドラマ、舞台で主演クラスの役柄を務めるようになっている。

こうした近年の傾向を例えるなら、俳優にとって特撮ドラマは、歌手にとってのオーディション番組のようになっていると言うべきだろう。

ここまで再三述べてきたように、アイドルとは未完成な存在、だからこそ努力して成長する姿が大きな魅力になる存在である。その意味で、特撮ドラマはオーディション番組に似ている面がある。それは視聴者にとって、ひとつの作品として楽しむだけでなく、まだキャリアが浅くこれから成長してさまざまな役柄を演じていくのを期待できる有望な若手俳優を発見する場になっている。

あるいは、別の例え方をするなら、特撮ドラマに出演する若手俳優は、ジャニーズでのジャニーズJr.の立ち位置にも似ている。正式なCDデビューはまだだが、その段階で人気を博するケースもあるジャニーズJr.のあり方は、特撮ドラマに主演する若手俳優とオーバーラップする部分がある。

かつては小さな子どものためのものと思われていた特撮ドラマも、歴史を重ねるなかで設定に趣向を凝らし、複雑なストーリー展開をもつものへと変化してきた。そしてそれとともに、幅広い年齢層の視聴者を獲得するようになった。そうした背景もあわせ、アイドル発見の場としての意味合いを持ち始めているのである。

バディを生きる俳優、菅田将暉

そうした特撮ドラマ出身の若手俳優を代表するひとりが、菅田将暉である。

先ほど挙げたように、菅田将暉は「平成仮面ライダーシリーズ」のひとつ、『仮面ライダーＷ』（テレビ朝日系、二〇〇九―一〇年）に主演した。一九九三年生まれの彼は、放送開始時十六歳。ライダーものの主役としては史上最年少だった。

また『仮面ライダーＷ』には、ライダーものとしては初となる試みがあった。それはタイトルの「Ｗ」が示すように、二人が変身によって合体して一人の仮面ライダーになるという設定で、そのひとりが桐山漣演じる左翔太郎、もうひとりが菅田将暉演じるフィリップである。左翔太郎は私立探偵、フィリップはその相棒的役割だが謎めいた少年。そしてフィリップにはある秘密があり、その秘密が怪人との闘いとともに物語の鍵になっている。

こうした設定からもわかるように、この『仮面ライダーＷ』は二人組の活躍を描く「バディもの」である。そして菅田将暉という俳優は、その後も不思議なくらい「バディもの」に数多く出演することになる。

たとえば、『dele《ディーリー》』（テレビ朝日系、二〇一八年）では、山田孝之演じる坂上圭司のバディ、真柴祐太郎役だった。二人は依頼を受け、亡くなったひとが遺したデジタル記録を抹消する仕事。車いす生活を送るプログラマーの坂上の代わりに真柴は直接外に出向き、ときには危険にさらされながらさまざまな業務をこなす。一九七〇年代に放送され、萩原健一と水谷豊のコンビで人気になった「バディもの」の古典『傷だらけの天使』をちょっと思い起こさせる作品である。

また異色の「バディもの」としては『民王』(テレビ朝日系、二〇一五年)が挙げられる。総理大臣とその息子の中身が入れ替わってしまったところから起こる騒ぎをドタバタタッチで描いたコメディーで、総理大臣を遠藤憲一が、息子を菅田将暉が演じた。

「バディもの」には、二人の若者の友情を描く青春ものというパターンも多い。菅田将暉の出演作で言えば、二人の高校生が放課後河原の階段でたわいない雑談をする日々を描いた映画『セトウツミ』(監督:大森立嗣、二〇一六年)や、売れない芸人の先輩後輩の日常を描いた映画『火花』(監督:板尾創路、二〇一七年)などがそれに当たるだろう。

『仮面ライダーW』にも、そんな青春ものの側面がある。フィリップは当初、他人に無関心でクールな性格である。それが翔太郎と協力・合体してともに闘ううちに仲間意識を深め、他人に対しても献身的に振る舞うようになる。そんなストーリー展開は、若者の成長が表現されているという点でアイドルの魅力に通じるものがある。

生を肯定する存在としてのアイドル

ただ菅田将暉が演じる役柄は、そうしたところに限定されているわけではない。むしろこれほど多彩な役柄を演じてきた若手俳優も珍しいだろう。

菅田将暉は自意識にさいなまれ、激しく苦悩する若者を演じたこともある。二〇一三年公開の主演映画『共喰い』（監督：青山真治）は、そんな一作だ。菅田が演じる篠垣遠馬は十七歳の高校生。両親は離婚している。原因は、父親が性行為の際に女性にふるう暴力だ。そんな父親を毛嫌いしながらも、遠馬は自分のなかにも同じ衝動があることを自覚し、おびえている。

血のつながり、そして家族は私たちを守ってくれもするが、ときに逃れがたい呪縛となって私たちを苦しめる。この映画では、そんな誰もが経験しうる若者ならではの苦悩が、性という本質的部分を通して生々しく描かれる。

この『共喰い』とある意味で対の関係になっているのが、二〇一九年に放送された学園ドラマ『3年A組――今から皆さんは、人質です』（日本テレビ系）ではないかと思える。菅田将暉はこの作品で高校の教師役を主演し、SNS社会へのメッセージを込めたその内容とともに話題になった。

ここで彼が演じる柊一颯は、学園ドラマにありがちな熱血教師ではない。柊は、卒業を間近に控えた三年A組の生徒たちを人質に取り、教室に立てこもる。それは、以前にクラスの女子生徒が自殺した理由を考えさせるためだった。そしてその課題が期限までに達成されなければ、生徒が死ぬことになると告げる。そうして柊は、女子生徒の死の裏側に隠された生徒たちの真の姿や思いを次々と暴いていく。

ここでの菅田将暉は、自ら罪を犯すことまでして生徒たちを自意識の殻から解放し、その内側にある苦悩に光を当てる側にいる。その構図は、極限状態にでも追い込まれなければ自分自身をさらけ出せない、いまの時代の若者を表している。だが目的を果たし、自ら命を絶とうとする柊は、そんな生徒たちに救われもする。

よく知られるように、菅田将暉は歌手としても精力的に活動している。その意味では、〝演技する歌手〟の系譜にも近い。二〇一九年には『NHK紅白歌合戦』に初出場を果たした。そのとき歌った曲が、米津玄師の作詞・作曲、プロデュースによる「まちがいさがし」（二〇一九年）である。「まちがいさがしの間違いの方に　生まれてきたような気でいた」僕は、「君」と出会うことで「間違いか正解か」を問うことの無意味さに気づく。ここでも、過剰な自意識にとらわれた若者が自己を肯定できるようになるまでの軌跡が描かれている。

菅田将暉の出演作や楽曲における、そうした自意識の呪縛とそこからの解放というモチーフの繰り返しは、いまの日本社会での生きづらさの根深さをあらためて感じさせる。そしていまの時代のアイドルには、たとえば「世界に一つだけの花」を歌ったSMAPがそうだったように、生を肯定することの喜びを教えてくれる存在であることが一方で求められているのだろう。菅田将暉もまた、そんな存在のひとりであることは間違いない。

次節は、ここまで書いてきたこと全体をふまえ、男性アイドルが現在置かれている状況、そしてそこに見える男性アイドルの今後について考えてみたい。

3　グローバル化のなかの男性アイドル、そしてボーダーレス化へ

パフォーマンス志向を強めるジャニーズ

前々節で、新たにジャニーズJr.の育成・プロデュース責任者になった滝沢秀明にとってJr.黄金期の再来がひとつの大きな目標になっていることにふれた。

ただその実現にあたっては、単純にこれまでのやり方を踏襲すればいいというわけではないだろう。前の黄金期からはすでに約二十年の年月がたち、アイドルのありようも変化している。実際、二〇二〇年に華々しく同時メジャーデビューを果たしたSixTONESとSnow Manをみても、昨今の男性アイドルのトレンドをふまえた部分が垣間見える。

それは、パフォーマンス志向の強まりである。

ここまで再三ふれてきたように、日本的アイドル観は、男女問わず未完成の魅力をコアにしたものである。確かに容姿、そして歌やダンスの魅力も大切だが、未熟であっても何事にも努力を怠らず成長する姿そのものがアイドルの不可欠の魅力であり、その成長のプロセスを共有しながらファンは応援する。

しかしながら、近年はそうした従来のアイドル観へのアンチテーゼとも思える流れが少しずつ強まっているように映る。歌であれダンスであれ、当初からパフォーマンスのクオリティを求める流れである。言い換えれば、アイドルにとって最初からより完成されていることが重要になってきたということだ。

SixTONESやSnow Manについても、その点は例外ではないようにみえる。たとえば、ＭＶはもちろんのこと、持ち歌のダンスの部分だけを見せるダンスバージョンの動画などをみても、パフォーマンスへの力の入れ具合が伝わってくる。

むろん、それぞれのグループの個性は異なる。SixTONESは「ダンスがそろわない」ことを自虐することもあるほど各メンバーが個を表現するダンスであり、Snow Manはジャニーズ伝統のアクロバット要素を盛り込みながらグループとして魅せるダンスである。だがいずれにしても、どちらも従来のアイドル的な決められた振り付けというよりは自己表現として追求されたダンスになっている。

そうしたところは、彼らがＥＸＩＬＥや三代目 J SOUL BROTHERS from EXILE TRIBE、GENERATIONS from EXILE TRIBE などの LDH JAPAN 所属グループと同じ時代に活動していることを感じさせる。それらのグループは〝アーティスト的アイドル〟と言えるのではないかと前にも述べたが、ジャニーズもまたある意味でその立ち位置に接近している。

K―POP人気と男性アイドルのグローバル化

また同様の流れとして、K―POPの動向も見逃すわけにはいかない。かつて二〇〇〇年代に、東方神起のような韓国出身の男性アイドルグループがオリコンチャートで一位を獲得するなどし、日本でも活躍する現象があった。現在の若者を中心にしたK―POP人気は、大きくとらえればその歴史のうえに成り立つものと言える。

しかし、根底にあるベクトルという意味では二〇〇〇年代と現在では異なる面がある。東方神起などをみても、〇〇年代にはまだ日本のマーケットに適応することに比重が置かれていた。それに対して、ＢＴＳ（防弾少年団）などをはじめとする近年人気のK―POPグループでは、初めから世界全体に照準が合わせられている。そのなかで、日本は重要なものであるとしても、そうした戦略のなかのターゲットのひとつということになるだろう。

メディア文化研究者・金成玟は、「日本におけるＫ―ＰＯＰの再発見は、Ｋ―ＰＯＰが、韓流の一領域（略）としてではなく、（略）グローバルなポップとして消費されてきたことに気づくことだった」（金成玟『Ｋ―ＰＯＰ――新感覚のメディア』〔岩波新書〕、岩波書店、二〇一八年、二〇一ページ）と指摘する。こうしたグローバル化が進めば進むほど、パフォーマンス志向は強まり、その完成度が問われることになる。グローバル化の内実には欧米流をスタンダードとする側面があり、それはプロとしての完成度を追求する欧米流ショービジネスの流儀が重視される傾向にもつながるからだ。またＢＴＳなどをみると、メンバー全員が楽曲を自作し、社会的メッセージを発するなどの一面もある。そうした自己主張への志向も、欧米基準のグローバル化と密接につながっているものだろう。

そのなかで日本のアイドルはどうなっていくのか、というのも注目だ。ネットへの展開を進めるジャニーズにも、海外進出は当然念頭にあるだろう。生前のジャニー喜多川も、自らが築き上げてきた独自の日本的エンタメとしてのジャニーズを海外に発信しようとしていた。その流れがネット進出とも相まって今後加速していく可能性は、十分にあるはずだ。

オーディション番組というトレンド

一方で、成長のプロセスを応援する日本的アイドル文化に親しんできた人間にとってなじみやすいトレンドもみえる。それは、オーディション番組の活性化である。近年、アイドルのオーディション番組が盛んだ。たとえば、二〇一五年に韓国のケーブルテレビで放送されたオーディション番組『SIXTEEN』で結成されたTWICE、一八年に同じくオーディション番組『PRODUCE 48』で結成されたIZ*ONE《アイズワン》のようにオーディション番組出身の女性アイドルグループが目立つ。TWICEが韓国、日本、台湾、IZ*ONEが韓国、日本と、いずれも多国籍のメンバーで構成されているのも特徴だ。

さらに二〇二〇年十二月に正式デビューして同年の『NHK紅白歌合戦』に初出場するなど、ブーム的人気になったNiziU《ニジュー》も、日韓合同のオーディションプロジェクトである「Nizi Project」で結成された女性アイドルグループである。こちらはインターネットでの配信が基本で、テレビでダイジェスト版が放送されるというかたちがとられた。情報番組『スッキリ』(日本テレビ系、二〇〇六年—)でもしばしば特集され、反響を呼んだことは記憶に新しい。

ただ、アイドルのオーディション番組が盛り上がる状況がこれまでなかったわけではない。一九七〇年代初頭に始まった『スター誕生!』は日本のアイドル文化の礎を築いたオーディション番組である。森昌子、桜田淳子、山口百恵の「花の中三トリオ」やピンク・レディーを生んだこの番組から、現在に通じる日本のアイドルの歴史がスタートしたと言っても過言ではない。

その後一九八〇年代に一大ブームを巻き起こしたおニャン子クラブも、全員がそうではないが『夕やけニャンニャン』(フジテレビ系、一九八五—八七年)のなかのオーディションコーナーでメンバーが選ばれていた。さらに九〇年代になると、『ASAYAN』(テレビ東京系、一九九五—二〇〇二年）のオーディションがモーニング娘。や鈴木あみ（現・鈴木亜美）などを輩出したことはよく知られているだろう。

とはいえ、こう振り返ってみてもオーディション番組出身アイドルには女性アイドルが目立つ。『スター誕生！』は女性限定のオーディションではなかったし、『ＡＳＡＹＡＮ』でもオーディションからCHEMISTRYがデビューして人気になったことがあった。しかし、概して言えば、オーディション番組と女性アイドルの結び付きのほうが強かったのは事実だろう。

そうしたなか、最近オーディション番組から男性アイドルが誕生するケースも出てきた。二〇二〇年三月にデビューして人気のＪＯ１は、『PRODUCE 101 JAPAN』というオーディション番組の合格者十一人で結成された男性アイドルグループである。オーディションの模様はテレビではＴＢＳ系列で初回と最終回が放送されたが、基本は「ＧＹＡＯ！」でのネット配信だった。

その最大の特徴は、視聴者参加型オーディションであることだ。前述した『PRODUCE 48』でもそうだったが、視聴者は「国民プロデューサー」と呼ばれ、これはと思うメンバー（「練習生」と呼ばれる）に投票することができる。途中、何度か「バトル」という名の関門などが設けられ、百一人から最終的に視聴者投票の順位によって十一人に絞られた。

アイドルファンがプロデューサー願望を抱くことは、『スター誕生！』の時代から男性ファンを中心にあった。オーディションのプロセスを逐一目の当たりにするなかで、好きな女性出場者を応援する気持ちと同時に「自分ならこうしたい」という客観的にアイドルを分析する視線がファンのなかに育まれるようになる。ただし、当時はまだそうした願望は願望のままで、現実に満たされることはなかった。

しかしその後、テクノロジーやネットメディアの発展によって、その願望が実現される時代になった。二〇〇〇年代に登場したバーチャルアイドル初音ミクは、その好例だ。そしていまふれた「国民プロデューサー」システムによるオーディションも、同じ歴史の一環とみることができる。

ボーダーレス化するアイドル

そうした流れをふまえたうえで、ＪＯ１の場合はこれまでと異なり、女性ファンが主体的に「選ぶ」側になった点はやはり注目すべきだろう。またそこからさらに視野を広げれば、女性アイドルは男性ファンが応援するもの、男性アイドルは女性ファンが応援するものという固定された図式自体が近年崩れてきていると言える。

かつての松田聖子、あるいは安室奈美恵のころからすでにその傾向はあったが、同性である女性ファンが憧れや共感の対象として女性アイドルを応援するかたちも増えてきた。またジャニーズ好きの男性の存在も、それほどまれではなくなってきている印象だ。つまり、アイドルとファンの関係で従来の性別に関する壁がなくなってきている。要するに、〝ボーダーレス化〟が進みつつある。

このボーダーレス化は、性別だけのことではない。ネットでの活動の広がりやグローバル化傾向のなかで、アイドルとファンのあいだの壁、国境などさまざまな次元で既存の境界を超え、横断する動きが目に見えるものになっている。

おそらくこの傾向は、今後もしばらくは続くだろう。これまで日本社会というドメスティックな共同体を基盤に成立してきた日本のアイドルも、そのなかで変化を迫られるにちがいない。男性アイドルについても、ここまでみてきたように、すでにジャニーズもボーダーレス化の波に身を投じている。男性アイドルをめぐる状況は、いま流動化している。

もちろん一方で、本書でたどってきたように日本の男性アイドルも半世紀以上になる長い歴史を積み重ねてきた。そこで培われてきた固有の文化は、私たちのなかに根づいてもいる。たとえば、若手男性俳優をかつてのソロアイドルのように応援する流れは、そうした固有のアイドル文化を守ろうとするひとつの表れであるように思える。だがその固有のアイドル文化が、時代の変化とともに再構築の時期を迎えていることもおそらく確かだろう。その行く末は不透明だ。だがそれは同時に、男性アイドルがいま、これまでにないような面白い時代に入ろうとしているということでもある。

終章　男性アイドルとはどのような存在なのか

ここまで、一九六〇年代から現在までの約六十年に及ぶ男性アイドルの歴史をたどってきた。そこで最後にあらためて、男性アイドルとはいったいどのような存在なのか、考えてみたい。

1　男性アイドルが「終わらない」理由

まずひとつの手がかりとして、男性アイドルと女性アイドルを比べてみることにしよう。両者の違いは、どこにあるのだろうか。

ひとつ言えるのは、男性アイドルが「終わらない」ものになっているのに対し、女性アイドルはそうではない、ということだ。

たとえば、ＴＯＫＩＯのリーダー城島茂は、二〇二〇年十一月で五十歳を迎えた。年齢のことをよくネタにされたりもするが、それでも現役のアイドルであることには間違いない。まして三十代や四十代ならば、アイドルと呼んでも違和感がない時代になっている。二〇年いっぱいで活動休止に入った嵐のメンバーも、年齢的には三十代後半から四十代である。

ただしそうなったのは、ここまで何度か述べてきたように一九九〇年代以降のことと言える。それ以前は、アイドルは当人にとってもファンにとっても十代をピークとする期間限定のものという考え方が根強かった。そんな旧来の常識を変えるうえで決定的な役目を果たしたのは、すでに書いたようにSMAPである。彼らの登場によって、男性アイドルとしてあり続けるかどうかは、年齢に関係ないものになった。

一方、女性アイドルになると、三十代以上で現役というのは、過去もそうだったがいまでもきわめて珍しい。女性アイドルの世界で、一九八〇年代後半におニャン子クラブが先鞭をつけ、九〇年代にモーニング娘。が確立させた卒業・加入のシステムは画期的なものだった。それは、個々のメンバーの出入りはあっても、グループという枠は続いていくという発明だった。だが逆に言えば、そうしたシステムの存在自体が、個々の女性アイドルは「終わる」ものであるという状況が変わらないことの証しでもある。

いうまでもなく、この活動年数の男女差が、現状の社会におけるジェンダーバイアスを反映している可能性は大きいだろう。女性アイドルにまだ〝恋愛禁止〟の不文律が根強く残っているように、「男性は仕事、女性は家庭」といった性別役割分業についての固定観念の存在が、男性アイドルと女性アイドルの活動年数の差に影響を及ぼしていると考えるのは、おそらく自然なことだ。

一九九〇年代以降にその差が顕著になったのは、そのころにアイドルが職業として公に認められるようになったから、という解釈ができるだろう。それまではアイドルは確立された職業というよりも、一時的な人気者に与えられるかりそめの呼び名という側面が強かった。八〇年代に松田聖子が登場し、結婚・出産してもアイドルであり続けるという貴重な先例を作ったが、彼女のような存在はまだ例外的だった。

さらに言うなら、序章で述べたように、女性アイドル論に比べて男性アイドル論が少ないことも、やはりジェンダーバイアスに関連づけられるかもしれない。

思うに、女性アイドル論の多さの背景には、男性ファンが抱きがちなプロデューサー願望がある。前章でも少しふれたが、自らをプロデューサーのポジションに見立て、女性アイドルを論じる文化は、ファンによる同人批評誌などのかたちで少なくとも一九七〇年代くらいからあった。そこには、アイドルに付き物の「かわいい」という表現がそうであるように、女性アイドルは保護される存在という前提があったと言える。つまり、暗黙のうちにそこにはある種の上下関係の意識が入り込んでいた。

ただし、女性ファンが男性アイドルを「かわいい」と形容することも、現在では珍しいことではない。また男性ファンによる女性アイドル論で論じられてきた内容は、歌やダンスのスキル、楽曲のクオリティ、プロモーション戦略の是非など多岐にわたる。その点、必ずしも容姿やプロポーションなどに特化したもの、単に外見至上主義を前提にしたものではない。それでも、そこに既存のジェンダー観が影響を及ぼしてきた可能性は無視できないだろう。

2　アイドルが社会のフロントランナーになるとき

とはいえもう一方で、前章にも書いたように、アイドルとファンの関係におけるボーダーレス化も進んでいる。女性アイドルは男性ファンが応援するもの、男性アイドルは女性ファンが応援するものという固定された図式が崩れて、女性アイドルや男性アイドルを同性ファンが応援する現象も目立ち始めた。今後は、アイドルとファンの関係もより多様なものになっていくだろう。

ただし、だからと言って男性アイドルと女性アイドルの活動年数の差が自然になくなっていくかどうかは、微妙なところもある。社会の側のジェンダーバイアスに変化が起こらないかぎり、アイドルの世界もそちらに引きずられがちになることは容易に予想がつく。

しかしもう一方で、アイドルが社会の流れを先取りして、時代のフロントランナーになる可能性もある。まだ兆しにすぎない将来の社会のあり方をアイドルがいち早く体現してみせることで、その流れがより明確なものになり始めることもあるだろう。

そうした可能性は、男性アイドルが「王子様」でもなく「不良」でもない「普通」を体現するようになったことで、より高まったと言える。「普通」であるということは、身近な存在として私たちとともにあるということであり、したがって多くの人びとと喜怒哀楽、悩みや苦しみ、そして希望を共有することになるからである。

ＳＭＡＰ、そして嵐が示したのは、そういう意味でアイドルが「人生のパートナー」になるということだった。

前にも書いたように、そこには平成が、日本社会にとって大きな災害の発生や経済の停滞など、不安に満ちた時代だったことがある。そのなかで、たとえばボランティアとして被災者を支援するというような活動が、アイドルにとって本業以外のプラスアルファのものではなく中心的な活動のひとつになった。

そしてそうした活動は、ファンを中心に社会の側にもフィードバックされるというサイクルを生み出すことにもなる。たとえばＳＭＡＰの場合、ＳＮＳでは『ＳＭＡＰ×ＳＭＡＰ』が終了して四年以上が過ぎたいまも、かつての放送時間の毎週月曜夜十時になると「＃ＳＭＡＰ」「＃復興に向けて手を繋ごう」といったハッシュタグとともに、復興支援を呼びかける書き込みが増える。ファンが番組内で毎回支援を呼びかけていたＳＭＡＰの意思を汲み、自発的にそのような行動をとっているのである。

3 「普通」の時代を超えて

こうしてジャニーズは、「王子様」でも「不良」でもない「普通」という第三の道を開拓し、「人生のパートナー」というファンとの関係性を定着させた。だからこそ「男性アイドル＝ジャニーズ」という構図は堅固なものになった。　男性アイドルの歴史という視点からみれば、そう言えるはずだ。

そしてそうした「ジャニーズ一強」の構図が男性アイドルの世界の基本になってから、およそ三十年がたつ。特に二〇〇〇年代以降は、男性アイドルが「終わらない」ものになったことで、ジャニーズの層の厚さもさらに増して、それ以外の構図は想像しづらい状況になっている。

ただ、エンターテインメントの世界もテレビに代わってネット発のものが人気を集めることが増え、それに伴ってグローバル化も進みつつある。そのなかで、従来ドメスティックな場所での活動を中心にしていたジャニーズも変化を余儀なくされていることは、すでに述べたとおりだ。K―POPとジャニーズの現時点での関係は、そんな状況を象徴している。そしてそれは、やはり日本というドメスティックな空間をベースに発展してきた「普通」という男性アイドルのあり方を超えようとする動きにつながる可能性もある。

もうひとつ、「普通」というあり方を超える動きとして注目したいのが、近年における若手俳優のアイドル化である。というのも、彼らはフィクションの世界のなかで生きる存在だからだ。その魅力は「普通」のアイドルのリアルな魅力とは、ある種対照的なものである。前章で取り上げた菅田将暉などそうした俳優たちは、フィクションという枠のなかで自分自身とは別の人格を演じる。そのことはいうまでもなく、「普通」からの飛躍を可能にする。

むろん、ひと口にフィクションと言ってもさまざまだ。映画、ドラマ、舞台などジャンルによる違いもあれば、そこで演じられる物語の違いもある。現実とはかけ離れたファンタジーの世界を描いたような物語もあれば、生々しく過酷な世の中の現実を描いたような物語もある。だがいずれにしても、事実とは異なる世界だからこそ、より印象的に提示できる希望や未来がそこにはある。

実際、そうした〝演じるアイドル〟は、いまさまざまなところに台頭している。たとえば、生田斗真や風間俊介のような「俳優組」ジャニーズは、歌手とは違うため、これまでジャニーズのなかでも傍流という印象が強かった。だが近年は、ぐんと存在感を高めている。また三代目J SOUL BROTHERS from EXILE TRIBEの岩田剛典や劇団EXILEの町田啓太や鈴木伸之のように、EXILEの関連グループからも演技の分野で活躍するタレントが増えてきた。さらにアニメ声優や二・五次元俳優などが集める熱狂的人気も、その好例だろう。

4 もうひとつ先の世界へ

こうした新たな傾向から、男性アイドルがいま果たすべき役割、そして置かれている立場の意味も見えてくる。

一九九〇年代、アイドルはひとつの職業になった。そのなかで、歌やダンスはもちろん、演技、トーク、さらにSNSのメッセージなど、あらゆるものを通じてエンターテインメントの魅力、そしてその社会的役割を発信していくことが、男性アイドルに対して今後ますます求められるようになるだろう。

ただしそれは、男性アイドルが特権的立場にあるということではない。男性アイドルと女性アイドルは、未完成な存在、それゆえ成長する姿を魅力とする存在である点で本質的に変わらない。加えて活動年数という点でも、ボーダーレス化の進展によってその差が縮まっていく部分はあるだろう。そのことをふまえたうえで、ひと足先に「終わらない」ものになった立場にある者として、エンターテインメントのこれからあるべき姿、もうひとつ先の世界の姿を見せることが、男性アイドルに課せられた使命であるにちがいない。

あとがき

本書は、「論座」(https://webronza.asahi.com/)で二〇一九年八月から二〇年九月まで連載した「ニッポン男性アイドル史」がもとになっている。書籍として出版するにあたって、序章と終章、さらに本論の二節分を新たに書き下ろすなど、全体的に加筆・修正をおこなった。

もともとが一般読者向けの連載だったこともあり、本書でもまずはわかりやすさを心がけた。そのぶん言及しきれなかったアイドルもいるが、読み終えたときに、男性アイドルが紡いできた大きな歴史の流れを自然に頭のなかに思い浮かべていただけるようであれば、著者としてこれに勝る喜びはない。

また、本書の執筆に際して常に私の念頭にあったのが、「日本社会にとっての男性アイドル」という視点である。いまやアイドルは、社会を映し出す鏡であるとともに、社会を動かしていくような存在でもあるだろう。では、男性アイドルはいつ、どのようにしてそうなったのか、という問いが本書の根底にある。そのあたりも汲み取っていただければうれしく思う。

私事になるが、自分単独で書いた本が初めて世に出たのが、本書と同じ「青弓社ライブラリー」からだった。そのとき感じた気持ちの高ぶりは、私のなかでいまも色あせていない。あれからかなりの年月がたった。そしていままた、「青弓社ライブラリー」のなかに本書が加わることになり、少し特別な思いもある。

青弓社の矢野未知生さんには、最初のときと同様、今回も編集を担当していただいた。また「論座」の高橋伸児さんにも、連載時に大変お世話になった。お二人には、この場を借りて心から感謝したい。

二〇二一年三月

太田省一

［著者略歴］
太田省一（おおた しょういち）
1960年生まれ
社会学者・文筆家
東京大学大学院社会学研究科博士課程単位取得満期退学
テレビと戦後日本、お笑い、アイドル、ネット動画など、メディアと社会・文化の関係をテーマに執筆活動を続ける
著書に『平成アイドル水滸伝――宮沢りえから欅坂46まで』（双葉社）、『攻めてるテレ東、愛されるテレ東――「番外地」テレビ局の生存戦略』（東京大学出版会）、『テレビ社会ニッポン――自作自演と視聴者』（せりか書房）、『紅白歌合戦と日本人』（筑摩書房）、『中居正広という生き方』『社会は笑う・増補版――ボケとツッコミの人間関係』（ともに青弓社）など多数

青弓社ライブラリー101
ニッポン男性《だんせい》アイドル史《し》　一九六〇―二〇一〇年代

発行――2021年3月26日　第1刷
定価――1600円＋税
著者――太田省一
発行者――矢野恵二
発行所――株式会社青弓社
〒162-0801 東京都新宿区山吹町337
電話 03-3268-0381（代）
http://www.seikyusha.co.jp
印刷所――三松堂
製本所――三松堂

ISBN978-4-7872-3484-1　C0336